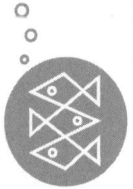

© privat

Frank Schmeißer lebt in Köln und arbeitet seit Jahren als renommierter Drehbuchautor u. a. für ›TV Total‹, ›Stromberg‹, ›Hilfe! Hochzeit! – Die schlimmste Woche meines Lebens‹, ›Elton TV‹ und Ralf Schmitz. Seit einigen Jahren schreibt er auch Kinderbücher, die mindestens ebenso witzig sind wie die Comedy-Sendungen im Fernsehen.

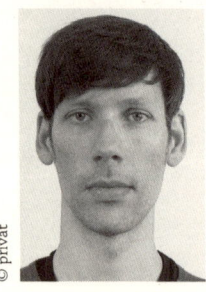

© privat

Jörg Mühle, geboren 1973 in Frankfurt a. M., studierte an der Hochschule für Gestaltung in Offenbach und an der École Nationale Supérieure des Arts Décoratifs in Paris. Seit 2000 arbeitet er als selbstständiger Illustrator.

Weitere Informationen zum Kinder- und Jugendbuchprogramm der S. Fischer Verlage finden sich auf *www.fischerverlage.de*

Frank Schmeißer

Meine verrückte Verbrecherfamilie und ich

Mit Bildern von Jörg Mühle

FISCHER Taschenbuch

Alle ›Allein unter Dieben‹-Bände von Frank Schmeißer:

Band 1: Meine verrückte Verbrecherfamilie und ich
Band 2: Wer nicht klaut bleibt dumm

Erschienen bei FISCHER Kinder- und Jugendtaschenbuch
Frankfurt am Main, April 2019

Druck und Bindung: CPI books GmbH, Leck
Printed in Germany
ISBN 978-3-7335-0053-5

Wie alles begann

Mein Name ist Eduard Käsebier. Ich bin 13 Jahre alt. Ich bin ein Meisterdieb. Gut, eigentlich bin ich kein Meisterdieb. Ich bin ein ganz normaler Dieb. Für einen Meister hält mich nur meine Familie. Die ist bärenstolz auf mich. Aber nur, weil ich nicht so ein kolossaler Tollpatsch wie mein Bruder bin oder ständig Nasenbluten kriege, wenn ich etwas stehle, wie mein Vater. Also, noch mal. Mein Name ist Eduard Käsebier. Ich bin 13 Jahre alt. Ich bin ein Dieb. Dies ist mein Geständnis.

Der ganze Schlamassel fing an Weihnachten an. Genauer gesagt an Heiligabend. Es war wirklich ein schönes Fest, das ich mit meiner ganzen Familie feierte. Wir hatten einen großen Tannenbaum mit echten Kerzen, aus den Lautsprechern plätscherte Weihnachtsmusik, und im Kamin knisterte ein behagliches Feuer. Für meinen Bruder Franz und mich gab es heiße Schokolade mit Sahne, in die wir köstliche selbstgebackene Schokokekse tunkten. Meine Eltern standen nebeneinander, einen Arm um die Hüfte des anderen geschlungen. Sie tranken Champagner aus ganz feinen Gläsern, die so dünn waren, dass man sie kaputtpusten konnte. Weil Papa die elektrischen Kerzen wieder abmontiert hatte, um echte Kerzen für den Weihnachtsbaum zu verwenden, trank Oma sicherheitshalber keinen Alkohol. Sie stürzte sich stattdessen aus einem großen Pott Fluten von Kaffee in den Kopf.

»Falls irgendein Käsebier-Tollpatsch mal wieder eine Katastrophe verursacht, werde ich rechtzeitig fliehen«, erklärte sie und sah dabei Papa an. Der schluckte die Bemerkung mit eingefrorener Miene und einem ganzen Glas Champagner runter, während Mama ihm aufmunternd zuzwinkerte und ihn kurz an sich drückte.

Ich war als Weihnachtsmann verkleidet, weil mein Vater so aufgeregt war, dass die Gefahr von Nasenbluten bestand. Und damit er nicht den schönen weißen Bart versaute, musste ich ins Kostüm schlüpfen. Ich weiß nicht genau, ob Elefanten Weihnachten feiern. Aber falls sie es tun, wäre das rotweiße Zelt, das ich trug, das perfekte Kostüm für sie.

Die Hose war so weit, dass ich dreimal reinpasste, und die Jacke ging mir fast bis zu den Knien. Ich stopfte sie tief in den Bund, damit die Hose nicht so rutschte, was mir außerdem einen weihnachtsmannmäßig dicken Bauch verschaffte. Meine Stiefel waren so riesig und schwer, dass ich mich mit den Zehen darin festkrallen musste, damit ich nicht bei jedem Schritt versehentlich aus den Schuhen schlüpfte. So stapfte ich, eine Hand zur Sicherheit an der Hose, um nicht auf einmal ohne dazustehen, wie ein betrunkener Troll umher und verteilte die Geschenke. Ho ho ho. Meiner Mutter überreichte ich einen schönen Pullover, den Papa für sie ausgesucht hatte. Einen ganz feinen aus ganz weicher Wolle. Sie schlüpfte gleich hinein und streichelte ihn selig. Eigentlich konnten wir uns so was Feines gar nicht leisten. Unsere normalen Klamotten bestanden vollständig aus billigen Plastikfasern. Was zur Folge hatte, dass wir alle ständig elektrostatisch aufgeladen waren. Immerzu standen uns die Haare zu Berge, als hätten wir gerade in die Steckdose gefasst.

Und egal was oder wen wir berührten, immerzu bekamen wir einen elektrischen Schlag. Bei uns zu Hause blitzte es öfter als auf dem roten Teppich in Hollywood.

Mein Bruder Franz bekam seinen ersten eigenen Dietrich geschenkt. Mit einem Dietrich kann man, mit ein bisschen Übung und ein bisschen Geschick, jedes Schloss knacken. Für Franz, der weder Übung noch Geschick besaß, würden die Türen also weiterhin verschlossen bleiben. Trotzdem freute er sich wie Bolle und begann sofort, im Schloss der nächstgelegenen Tür herumzustochern.

Mein Vater bekam von Mutter eine Hose, die ihm viel zu groß war, und von meiner Oma Anne Testosteronpflaster und ein Buch. »Heimwerken für Dummies«. Was die Pflaster sollten, verstand ich nicht. Oma meinte nur, dann würden ihm endlich Haare auf der Brust wachsen. Gibt es da draußen tatsächlich Leute, die so was wollen? Das Buch war aber definitiv nicht nett gemeint. Papa freute sich deshalb auch nicht wirklich. Schließlich verbrachte er täglich etliche Stunden in seinem Keller und baute und schraubte ständig neue Gerätschaften zusammen, die uns in eine strahlende Zukunft katapultieren sollten. Oma hielt das für Unfug und kolossale Zeitverschwendung. Ehrlich gesagt, hatten uns seine Basteleien bislang auch noch nirgendwohin katapultiert. Nicht mal das echte Katapult, das er letzten Sommer aus seiner Werkstatt geschleppt hatte. Das brach einfach in der Mitte durch und begrub meinen Bruder unter sich, der damit eigentlich auf unser Dach geschossen werden sollte. Mit diesem Katapult wollten mein Vater und Franz in ein Museum einbrechen und kostbare Gemälde klauen. Ihr Plan war, über das Dach einzusteigen. Theoretisch hätte man sich auch über ein Vordach und Regenrinnen nach oben schwingen können. Theoretisch. Nur war mein Bruder alles andere als eine Sportskanone. Der kam ja selbst auf dem Spielplatz kaum unfallfrei ein Klettergerüst für Kinder hoch.

Ich war, ehrlich gesagt, ganz froh darüber, dass sein Katapult nicht funktionierte. Erstens hätte jemand dabei draufgehen können, und zweitens war ein Einbruch in ein Museum für uns mindestens eine Nummer zu groß. Wenn nicht sogar zwei oder drei.

Meine Oma bekam Badezusätze. So Wellness-Zeug, das nicht nur ewige Jugend versprach, sondern auch eine glückliche und friedliche Stimmung. Aber ich bezweifelte stark, dass das Öl Oma wirklich in einen netten Menschen verwandeln konnte. An ihrer Biestigkeit würde selbst ein Schwimmbad voll miefendem Badeöl nichts ändern.

Als wir alle unsere Geschenke ausgepackt hatten – ich bekam ein Paar Fußballschuhe und zwei Unterhosen –, stellten wir uns vor den Weihnachtsbaum und schossen ein Foto.

Normalerweise haben wir keinen so großen Baum. Und ein kuscheliges Feuer gibt es bei uns nur, wenn mal wieder eine Erfindung von Papa explodiert. Wir sind eher arm. Aber dieses Jahr sollte Geld endlich mal keine Rolle spielen. Daher feierten wir auch nicht bei uns zu Hause, sondern waren alle zusammen bei der sehr reichen Familie Schönemann. Blöderweise kam die aber früher aus dem Skiurlaub zurück als erwartet.

»Was zum …«, stammelte Herr Schönemann.

Sein riesiger Schnauzbart begann zu zittern. Sein

Kopf wurde immer röter. Seine Frau stand nur stumm und mit weitaufgerissenem Mund da, während ihr Sohn sich weiter ungerührt Pralinen in den Schlund stopfte. Vater bekam sofort Nasenbluten, Oma Anne schlich langsam rückwärts Richtung Terrassentür, Franz hatte nichts von alldem mitbekommen und popelte weiter mit seinem Dietrich im Schloss rum, und ich rief: »Na, das ist ja mal eine Überraschung! Frohe Weihnachten!«

Schönemanns Sohn zeigte auf die Unterhosen, die ich immer noch in der Hand hielt. Er schmatzte mit vollen Backen: »Das sind meine Unterhosen!«

»Und das ist mein Pullover!«, schrie Frau Schönemann, als sie Mutter entdeckte. »Diebe! Einbrecher! Ruf die Polizei, Günter!«

Frau Schönemann zerrte am Ärmel ihres Mannes. Ohne uns aus den Augen zu lassen, nahm der sein Handy aus der Jackentasche. Als im Hintergrund der Weihnachtsbaum in Flammen aufging, weil niemand auf die Kerzen geachtet hatte, nutzten wir routiniert die Chance und hauten ab.

Meine Eltern drängten sich an den Schönemanns vorbei und türmten durch die Haustür. Franz und ich folgten Oma über die Terrasse in den Garten. Wir rannten blitzschnell über den Rasen, sprangen geschickt über Beete, kämpften uns durch Büsche und kletterten flink wie Äffchen über den Gartenzaun rüber zu den Nachbarn. Zumindest taten das meine Oma und Franz. Ich stolperte und stürzte dank der riesigen Weihnachtsmannstiefel durch die Rabatten, knallte einmal frontal gegen einen Baum, weil mir die verkackte Weihnachtsmannmütze ständig vor die Augen rutschte, eierte herum und verheddertе mich schließlich mit dem Weihnachtsmannmantel und dem angeklebten Rauschebart in der Hecke. Ich war gefangen wie eine Fliege im Spinnennetz. Es war ein Elend. Ich sah zurück, ob die Schönemanns die Verfolgung aufgenommen hatten. Kein Mensch weit und breit. Es sah alles normal und friedlich aus. Wenn man mal vom brennenden

Weihnachtsbaum absah, der in einem hohen Bogen aus der Terrassentür geflogen kam. Dann sah ich Herrn Schönemanns Kopf herausschauen. Aber statt gemütlich zu mir zu schlendern und mich zu packen, während ich im Busch rumzappelte wie ein Fisch an Land, schloss er einfach die Terrassentür und verschwand. Die Schönemanns waren wohl immer noch viel zu geschockt, um uns hinterherzuhetzen. Vielleicht hielten sie mich aber auch für einen gefährlichen Irren, den man lieber abhauen lässt, auch wenn er einem ein Weihnachtsmannkostüm und die Unterhosen geklaut hat. Ich zerrte an meinem Mantel und versuchte verzweifelt, den verknoteten Bart aus dem Gestrüpp zu befreien. Ich verlor die Geduld und riss mich los. Die Hälfte meines Barts ließ ich zurück. Ich kletterte den Zaun hoch, nur noch ein kleiner Sprung, und ich hätte das Ärgste hinter mir. Ich hatte schon einen Fuß auf dem Zaun, als ich abrutschte. Verdammte Stiefel. Ich sackte weg, blieb mit dem locker um meine Hüfte schlackernden Gürtel am Zaun hängen und kippte kopfüber in den Nachbargarten. Ich hing fest. Den Kopf ein paar Zentimeter über dem Boden, die Beine in der Luft. Ich fummelte am Gürtel rum, löste ihn und machte einen Köpper ins Gemüsebeet.

Schnell rappelte ich mich wieder auf und lief weiter zur Straße. Dort verschnaufte ich kurz und schloss den Gürtel. »Geschafft!«, dachte ich, als eine Haustür aufgerissen wurde.

»Da sind Sie ja endlich!«, brummte eine Stimme hinter mir und eine große Hand patschte mir auf die Schulter. Ich blieb wie angewurzelt stehen.

»Wurde auch Zeit«, brummte die Stimme weiter. »Wir warten schon eine Ewigkeit!«

Ich drehte mich um und sah in die Augen eines etwa 40-jährigen Mannes, der so aussah, als würde er alles verstehen, nur keinen Spaß. Er war blass, trug eine Sturmfrisur und hatte dicke Ringe unter den Augen. Den sollte sich echt mal ein Arzt angucken.

»Los, schnell rein, bevor die Kinder total ausflippen.«

»Was? Ich … nein, ich glaube, Sie verwechseln mich … ich …« Ich war so überrumpelt, dass ich nur noch stammeln konnte. Allerdings vergeblich. Der Mann drehte mich um und schob mich vor sich her in ihr Wohnzimmer. Schon im Flur konnte ich das Geschrei wütender Kinder und das Gezeter einer Frau hören.

»Ben, hör auf, deiner Schwester an den Haaren zu ziehen! Und du, leg die Streichhölzer weg, Lea!«

Ben und Lea waren ungefähr vier Jahre alt. Sie waren fein angezogen und drehten gerade ziemlich am Rad. Ben raste schreiend wie ein Irrer immer um den Weihnachtsbaum. Seine Mutter hinter ihm her. Wenn er an seiner Schwester vorbeikam, griff er blitzschnell ihren langen Zopf und zog daran wie an einer altmodischen Klospülung. Seine Schwester schrie kurz laut auf und schlug nach ihm. Dann fummelte sie weiter ungerührt ein Streichholz nach dem anderen aus der Packung und versuchte, es anzuzünden. Bis Ben wieder vorbeikam und ihr an den Haaren zog. Es war ein nicht enden wollender Alptraum, mit dem ich nichts zu tun hatte und auch nichts zu tun haben wollte.

»Entschuldigung«, sagte ich. »Aber ich bin wirklich nicht der, für den Sie mich halten. Ich muss auch weg und so.«

Der Vater ignorierte meine Einwände. Er sah mich nur hilfesuchend an und rief: »Schaut mal, der Weihnachtsmann ist da!« Dann schubste er mich nach vorne, mitten hinein ins Chaos.

Ben legte eine Vollbremsung hin und Lea die Streichhölzer weg. Sie stemmte ihre kleinen Hände in die Hüften und keifte: »Das ist kein Weihnachtsmann. Das ist ein Weihnachtszwerg!«

Wie bitte‽ Zwerg‽ Ich war sauer. Für mein Alter war ich fast normal groß.

»Nein, Lea, mein Schätzchen. Das ist der Weihnachtsmann. Ganz bestimmt. Manche Weihnachtsmänner sind halt etwas kleiner geraten. Geradezu winzig«, versuchte die Mutter Lea zu beruhigen.

Aber die ließ sich nicht täuschen. »Außerdem ist er potthässlich und sein Bart ganz zerzaust.«

»Moment mal! Wer ist hier potthässlich‽ Wer so einen behämmerten Zopf trägt, der …« Weiter kam ich nicht. Denn in diesem Moment kam Leas Bruder Ben in vollem Spurt angerast und umarmte mich derart stürmisch, dass ich nach hinten umkippte. Ben lag auf meinem gut gepolsterten Bauch und trommelte mit seinen kleinen Fäustchen auf meiner Brust herum.

»Geschenke! Geschenke!! Geschenke!!! Geschenke!!!! Wo sind meine GESCHENKE!‽!‽!‽!«, schrie er.

»Lass mich! Geh sofort runter von mir«, ächzte ich. Ich schob ihn nach links, drehte mich nach rechts und zog mich am Tisch mühsam hoch. Als ich das offensichtliche Missverständnis aufklären wollte – »Ich hab keine Gesch…« –, kam der Vater mit einem großen braunen Sack um die Ecke.

»Ich glaube, hier im Sack des Weihnachtsmanns sind bestimmt noch ein paar Geschenke für euch!«

Die Kinder hüpften jubelnd hin und her, und die Mutter stellte einen Stuhl hinter mich. »Setzen!«, befahl sie mir zischend. Und ich setzte mich.

»Aber wenn ihr eure Geschenke wirklich haben wollt, müsst ihr jetzt brav sein«, ermahnte die Mutter die beiden Quälgeister.

»Ganz genau. Brav und still. Mucksmäuschenstill!«, ergänzte ich, weil meine Ohren von dem ganzen Geschrei schon klingelten.

»Setzt euch bitte auf den Schoß vom Weihnachtsmann, damit er euch die Weihnachtsgeschichte erzählen kann.«

»Genau«, sagte ich und: »Wie bitte?«

Ich sollte die Weihnachtsgeschichte erzählen? Ich zweifelte, ob ich die überhaupt zusammenbekam. Lea und Ben hopsten auf meine Beine. Lea links und Ben rechts. Erwartungsvoll sahen sie mich an. Die Aussicht auf Geschenke ließ die beiden offensichtlich zur Ruhe kommen. Das ist bei meiner Mutter genauso. Wenn die sich über Papa ärgert, bekommt sie auch immer was zum Auswickeln und beruhigt sich wieder.

»Ja. Äh. Die Weihnachtsgeschichte. Gut. Im Grunde kennt die ja jeder«, fing ich an und dachte: jeder außer mir. »Also, Weihnachten ist die Zeit, … äh … da feiern wir Weihnachten.« Himmelherrgott nochmal. Ich hatte einen totalen Blackout. Ich wusste auf einmal nichts mehr. Mein Gehirn war leer. Warum zum Teufel feierten wir überhaupt Weihnachten? Ging es dabei um den heiligen Tannenbaum? Die Erfindung der Kerze? Streitereien in der Familie? Ich hatte es vergessen. Mein Gesicht nahm langsam aber sicher die Farbe meines Mantels an.

»Äh, Weihnachten. Wird ja auch das Fest der Diebe … äh Liebe genannt und das, weil … äh.«

Weiter kam ich nicht. Es war, wie in Mathe an der Tafel zu stehen. Die ganze Klasse kennt die Lösung, und mir fallen keine Formeln, sondern nur die englischen Vokabeln ein, die mir eine Stunde zuvor beim Vokabeltest den Hintern gerettet hätten. Ich stammelte weiter.

»Äh … Kinder. Ich frage euch: Was feiern wir an Weihnachten?«

Beide riefen gleichzeitig: »Die Geburt von Jesus!«

»Genau! Mann, bin ich bescheuert. Jesus. Natürlich. Das war es! Hatte ich glatt vergessen.« Ich war erleichtert. Die Eltern nicht. Die Mutter legte ihr Gesicht in Falten und sah ihren Mann fragend an. Der zuckte nur verzweifelt mit den Schultern. Gut, ich wusste nun wieder, um wen es ging, und konnte mich auch grob an den Rest der Weihnachtsgeschichte erinnern. Sehr grob. Damit die Geschichte nicht schon nach fünf Sekunden zu Ende erzählt war, musste ich etwas improvisieren. Aber das sollte doch zu machen sein. Während die Blagen auf meinem Schoß rumzappelten und mich mit Schokolade vollsabberten, gab ich mein Bestes. Und das war nicht besonders gut, fürchte ich.

»Also. Vor langer, langer Zeit wurde Jesus geboren. Die Dinosaurier waren da aber schon ausgestorben. Da hatte Jesus aber Glück gehabt, was?«

Ich lachte den Kindern auf meinem Schoß aufmunternd zu. Die sahen mich aber an, als hätte ich nicht alle Tassen im Schrank. Mit Humor kam ich hier nicht weiter. So viel war klar. Die Nummer musste ich wohl bierernst und ohne Publikumsbeteiligung durchziehen.

»Die Eltern von Jesus waren Maria und Josef. Josef war Schreiner. Er baute Tische, Regale und diese kleinen Keile, die man unter die Tür schiebt, damit sie nicht zufällt. Was Maria beruflich machte, weiß ich nicht mehr. Wahrscheinlich irgendwas mit Medien. Auf alle Fälle bekamen sie ein Baby, das nicht von ihnen war. Also, Maria hatte keinen anderen Mann oder so, aber irgendwie auch schon. Aber der andere Mann war kein normaler Mann wie euer Vater oder eure Mutter … äh … nicht eure Mutter. Also, es war Gott, versteht ihr? Also, das Kind war von Gott. Äh. Deshalb war Josef auch nicht sauer auf Maria. Und weil irgendwer das mit Gott und so spitzgekriegt hatte, hat er sie bei den Bull… der Polizei oder dem Jugendamt verpfiffen. Deshalb mussten sie alle Fingerabdrücke beseitigen, ihren Esel satteln und abhauen. Dann wurde es aber langsam dunkel, und sie brauchten ein Hotel. Die waren aber alle ausgebucht. Wahrscheinlich weil es ein Konzert in der Stadt gab oder eine Kirmes. Und daher blieb ihnen nichts anderes übrig, als in einer Scheune zu übernachten. Und weil es immer so ist, dass wenn man mal Pech hat, auch noch Unglück dazukommt, bekam Maria das Baby in der Scheune. Zwischen all den Tieren. Da gab es Esel, Schafe, Kühe, Ziegen, Gänse, Hühner, Schweine, Hasen, äh … Hamster, Meerschweinchen, Dackel, Bären, Echsen, Elefanten, Giraffen, Erdmännchen, Mücken, Hummeln, äh … Heringe, Wale, Haie, Quallen, … Einhörner, Drachen …«

»Sagen wir einfach, da waren viele Tiere«, unterbrach die Mutter meine Aufzählung. Sie lächelte mich an. Allerdings nur mit dem Mund. Ihre Augen lächelten so gar nicht. Auch der Vater schien nicht ganz zufrieden. Er zeigte mir einen Vogel.

»Genau. Da waren ganz viele Tiere«, fuhr ich fort. »Und weil das Baby ja Jesus war, Gottes Sohn, kamen auch drei Könige vorbei. Gefunden hatten die Könige die Scheune, weil ihnen ein Stern den Weg gewiesen hatte. Man kann sich den Stern in etwa so vorstellen wie ein Schild auf der Autobahn.«

»Die Könige kamen aber nicht mit leeren Händen! Nein! Sie kamen, um Geschenke abzuliefern. So ein bisschen wie die Typen, die immer die Pizza bringen. Nur, dass Maria und Josef nix bezahlen mussten. Ich meine, für die Geschenke! Ob die Scheune was gekostet hat, weiß ich nicht. Wahrscheinlich schon. Wo war ich stehengeblieben? Ah. Ja. Und weil Jesus Geschenke bekam, bekommt ihr jetzt auch Geschenke und …«

»Und das ist das Ende der Geschichte!«, sagte die Mutter und sprang von der Couch auf.

»Ja. Gut«, sagte ich. »Soll ich jetzt noch die Geschenke …«

»Nein, nein … das wird nicht nötig sein«, sagte die Mutter und hob Lea von meinem einen Bein, während der Vater Ben dabei half, von meinem anderen runterzurutschen.

»Das übernehmen wir. Vielen Dank«, sagte die Mutter. Ben drehte sich um. »Blöde Geschichte!«, motzte er und trat mir volle Lotte vors Schienbein. Autsch! Der Vater packte mich am Kragen. Er zog mich hinter sich her durch den Flur, drückte mir kurz vor der Haustür einen Geldschein in die Hand und schubste mich nach draußen.

Ich sah mir den Schein an. Zwanzig Euro.

»Ist der für mich?«

»Ja. Und komm nie mehr wieder!« Er knallte die Tür zu.

»Frohe Weihnachten!«, rief ich noch und sah mir den Schein noch mal an. Zwanzig Euro. Gar nicht so schlecht, dachte ich. Mein erstes auf ehrliche Weise verdientes Geld. Das fühlte sich komischerweise ziemlich gut an.

»Jederzeit wieder«, flüsterte ich und steckte den Schein ein.

»Tag, Kollege. Und ho, ho, ho!« Ein anderer Weihnachtsmann stakste an mir vorbei und tippte zum Gruß mit seinem Zeigefinger freundlich an seine rote Mütze. Er war groß und kugelig und sah genauso aus, wie man sich einen Weihnachtsmann vorstellt. Fröhlich pfeifend klingelte er an der Tür.

Als der Vater öffnete, begrüßte ihn der Weihnachtsmann mit »Ho, ho, ho, der Weihnachtsmann ist da! Entschuldigen Sie bitte die Verspätung, aber ich wurde mit Keksen und Würstchen vollgekotzt und musste mich umziehen.«

Der Vater verharrte verdutzt einen Moment, dann sah er zu mir rüber. Dann wieder zum echten Weihnachtsmann. Dann wieder zu mir. Sein Kopf fuhr hin und her, als würde er ein Tennisspiel gucken. Seine

Blässe verschwand. Seine Augen weiteten sich. Er hatte endlich kapiert, was ich ihm von Anfang an sagen wollte: Ich bin der falsche Weihnachtsmann. Aber anstatt drüber zu lachen und mir Komplimente zu machen, als totaler Weihnachtsmann-Anfänger die Situation so prima gemeistert zu haben, wurde er jetzt richtig wütend.

»Na, warte!«, brüllte er in meine Richtung und stieß den echten Weihnachtsmann beiseite. Er lief direkt auf mich zu. Ich schüttelte meine Füße hektisch aus den klobigen Stiefeln und rannte, so schnell ich konnte, los. Er folgte mir noch ein gutes Stück die Straße runter. Ein paar hundert Meter weiter blieb er dann keuchend stehen. Ich bog zweimal ab, und erst, als ich mir hundertprozentig sicher war, ihn abgeschüttelt zu haben, gönnte ich mir eine kurze Pause. Eine sehr kurze. Es war Dezember, und ich hatte keine Schuhe an. Zügig, mal auf den Hacken, mal auf den Zehenspitzen, ging ich nach Hause. Beziehungsweise zu Oma. Wir wohnten alle bei ihr, weil unsere Geschäfte in letzter Zeit nicht gerade rosig liefen. Papa kriegt eh kaum was Gescheites auf die Reihe, Franz ist ein ungeschickter Trottel, und Mutters Geschäftsmodell war dem veränderten Ladenschlussgesetz zum Opfer gefallen. Zumindest fast. Mutters Arbeit war es, geschlossene Läden heimlich nachts wieder zu öffnen. Sie räumte die nicht aus. Sie tat einfach so, als wäre der Laden ihrer und verkaufte die Waren auf eigene Rechnung. Damals, als die Läden noch früh am Abend schlossen, war damit wirklich prima Kohle zu machen. Aber seit die ganzen Supermärkte quasi überhaupt nicht mehr schlossen, blieb ihr nichts anderes übrig, als in kleine Läden auszuweichen. Solche kleinen Läden, die in ebenso kleinen Nebenstraßen zu finden sind und die fast nur nutzloses Zeug verkaufen. Schuheinlagen, von Elefanten gemalte Ölbilder oder Plastikhundehaufen. Und da wohl noch kein Mensch auf der ganzen Welt nachts Sätze wie die folgenden gesagt hat, laufen die Geschäfte leider hundsmiserabel.

Schatz, haben wir eigentlich noch Plastikhundehaufen da? Nein? Dann besorge ich uns mal schnell welche.

Auch die heimlich zur Unterstützung von Papa gestartete Flyer- und Plakataktion »Nachts kostet Hundekacke nur die Hälfte« brachte keine Umsatzsteigerung, rief aber die Besitzerin des Ladens und die Polizei auf den Plan. Mutter saß zehn Tage hinter Gittern, und Vater musste ihr schwören, ihr nie wieder zu helfen. Vor allem nicht heimlich. Die angefallenen Prozess- und Anwaltskosten brachen uns dann endgültig das Genick. Wir hatten derart hohe Schulden, dass wir uns keine eigene Wohnung mehr leisten konnten, und deshalb waren wir gezwungen, bei Oma einzuziehen. Die freute sich darüber wie über ein Loch im Kopf.

Als ich mit zerfetzten Socken ankam, waren meine Füße gefroren wie Fischstäbchen. Die Stimmung wiederum war ziemlich hitzig. Bis auf Papa saßen alle am Küchentisch.

Oma behauptete, mal wieder dem Tod so gerade eben von der Schippe gesprungen zu sein. Und natürlich gab sie Papa dafür die Schuld. Wie immer aber, ohne seinen Namen zu erwähnen oder ihn auch nur anzusehen.

»Ich wäre fast verbrannt, nur weil irgendein Trottel zu blöd ist, Kerzen an einem Baum anzubringen.«

Papa wehrte sich gegen Oma und versuchte gleichzeitig, den neuen Dietrich von Franz aus dem Schloss der Haustür zu kriegen. Der Tollpatsch hatte ihn darin abgebrochen. Nun war der Dietrich kaputt und das Schloss gleich mit.

»Du kannst meinen Namen ruhig sagen, Anne. Sag ihn ruhig. Ich weiß doch, dass du mich meinst. Verdammt nochmal, der Dietrich steckt bombenfest.«

Mama schimpfte nicht. Sie saß neben Franz am Küchentisch und streichelte weiterhin selig ihren kuschelweichen Pulli.

Franz kaute ein Salamibrot, auf das er sich Honig träufelte. Salami mit Honig. Franz hatte nicht nur einen zweifelhaften Geschmack, er konnte auch alles durcheinanderessen, ohne dass ihm davon schlecht wurde. Ich habe ihn mal dabei beobachtet, wie er auf seiner Geburtstagsfeier ein halbes Hähnchen in Ketchup, Mayonnaise und Schokoladensoße dippte, bevor er es mit Haut runterschlang. Als Beilage futterte er Torte.

»Der Junge hat keinen Magen, sondern eine Mülltüte im Bauch!«, sagte Oma damals halb angewidert, halb bewundernd.

»Ich geh in mein Zimmer. Es ist schon spät, und ich bin müde«, sagte ich.

»Und wenn nicht jemand behauptet hätte, die Schönemanns wären bis Silvester verreist, wäre das alles gar nicht erst passiert.« Oma konnte einfach keine Ruhe geben.

Mit einem Schraubenzieher porkelte Papa im Schloss rum und grummelte leise: »Sag meinen Namen. Sag meinen Namen. Sag doch einfach meinen Namen.«

»Soll ich dir ein Bad einlassen, Oma?«, fragte ich und dachte an die versprochenen Zauberkräfte des Badeöls.

»Nein, danke, mein Schatz. Mir ist nicht nach baden zumute«, sagte sie und tätschelte meinen Kopf. So fies Oma auch sein konnte, zu mir war sie eigentlich immer nett. Aber ich war ja schließlich der Meisterdieb. Der große Hoffnungsträger der Familie.

KAPITEL 2

Das weiße Schaf

Nachts lag ich in meinem Bett und hörte, wie Franz neben mir am anderen Ende des Zimmers in seinem Bett lag und schnarchte. Oma putzte sich die Zähne. Das Badezimmer lag direkt neben unserem Zimmer. Beide Räume trennte nur eine dünne Wand. Daher kann ich versichern, dass die Umschreibung »stilles Örtchen« für eine Toilette totaler Quatsch ist. An keinem anderen Ort geben Menschen so viele bedenkliche Geräusche von sich wie auf dem Klo.

Oma gurgelte mit Mundwasser und röhrte dabei wie ein schlechtgelaunter Dinosaurier. In der Küche feuerte das Radio die Phantasie meines Vaters an. Es lief ein Beitrag über den Golden Hope, einem unschätzbar kostbaren Diamanten, der in der nächsten Woche in einem Auktionshaus bei uns in der Stadt versteigert werden sollte. Ich hörte meine Mutter mit leiser Stimme sprechen. Ich verstand nicht, was sie sagte, aber ihr Tonfall verriet, dass sie Papa beruhigen und ihm seine wilden Pläne ausreden wollte, den

Diamanten zu klauen. Ich drehte mich zum Fenster. Die Straßenlaternen funzelten etwas Licht durch die Jalousie, und ich sah mir noch mal meinen Lohn an. Zwanzig Euro. Nicht schlecht, und viel mehr als ich bislang auf unehrliche Weise ergattert hatte. Unsere letzten Coups gingen allesamt in die Hose. Wie der Versuch, auf dem Stadtfest gefälschte Biermarken zu verkaufen. Die Dinger hatte mein Vater gedruckt, der sich ja auch für einen ziemlich brillanten Fälscher hielt. Blöderweise hatte er nur das Wort Biermarke falsch geschrieben.

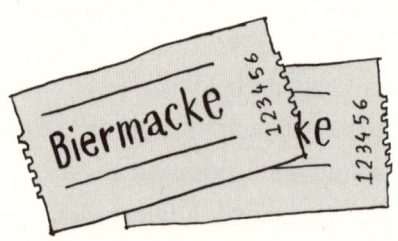

Ich schob den Schein unter meine Matratze und sah auf den Wecker. Fast Mitternacht. Ich hörte nur noch Mama, wie sie in der Küche verschwand. Wie jeden Abend setzte sie sich vor das geöffnete Küchenfenster und rauchte heimlich. Sie hatte exakt einen Tag nach unserem Einzug bei Oma wieder mit dem Qualmen angefangen. Wir alle wussten das. Die Küche stank jeden Morgen wie ein voller Aschenbecher. Trotzdem taten wir alle so, als hätten wir keine Ahnung, dass Mama wieder nachts eine Zigarette nach der anderen wegpaffte.

Ich konnte nicht einschlafen und dachte über den vergangenen Tag nach. Er war schön gewesen. Der Weihnachtsbaum, die Musik, die Leckereien, und selbst Oma hatte sich halbwegs friedlich verhalten. Bis die Schönemanns kamen und der Baum in Flammen aufging, war der heutige Tag wirklich einer der schönsten meines Lebens gewesen. Schon irgendwie traurig, dass wir in ein Haus einbrechen und in ein fremdes Leben schlüpfen mussten, um mal ein paar glückliche Momente zu erleben. Natürlich hatte ich es schon immer geahnt, aber richtig klar wurde es mir erst jetzt: Mein Leben und das Leben meiner Familie steckte in einer verdammten Sackgasse, und wir waren zu blöd oder zu verbohrt, um zu wenden. Wir waren arm wie eine Kirchenmaus und hausten zu fünft in einem Haus, das sogar für zwei Menschen zu eng war. Niemand, wirklich niemand aus meiner Familie hatte es je zu Reichtum, ja nicht mal Wohlstand gebracht. Selbst Oma nicht, die als Heiratsschwindlerin Erfolge feiern und ordentlich Kohle anhäufen konnte. Alles lief super glatt für sie. Bis sie sich verliebte und ihren letzten Mann Otto heiratete. Der entpuppte sich ebenfalls als Heiratsschwindler und nahm Oma nach Strich und Faden aus. Seitdem lebte sie in diesem kleinen, kaputten Haus, das sie zwar nicht liebte, aber trotzdem immer in Schuss und peinlich sauber hielt. Ansonsten war ihr nichts geblieben. Kein Geld, kein Schmuck, nicht mal ihre Jugend und Schönheit. Alles weg. Am meisten vermisste Oma ihre Jugend und Schönheit. Ich muss zugeben, dass sie früher ein echter Hingucker war. Überall im Haus hingen Fotos von Oma in voller Blüte. Oma als junges Mädchen. Oma als Braut. Oma als Mettwurst-Königin ihres Heimatdorfs Riechweck. Riechweck war berühmt für seine Schweinezüchter und für die Erfindung der Nasenklammer.

»Einstimmig!«, erzählte sie mir oft stolz, wenn sie an ihren Fotos vorbeiflanierte und sacht mit ihren schlanken Fingern über die gerahmten Erinnerungen strich. »Einstimmig wurde ich zur Mettwurst-Königin gewählt! Wie Erich Honecker.« Erich Honecker kannte ich nicht. Aber wer kennt schon alle Mettwurst-Könige?

Bis heute bekommt Oma als ehemalige Königin pünktlich zum Monatsanfang einen Korb mit Wurst geschickt. Worüber sich gerade Franz immer ein Loch in den Bauch freut. Ansonsten ist von ihrem Ruhm nicht viel geblieben. Auch wenn Oma sich immer noch kleidet, als wäre sie gerade zwanzig geworden. Enge Kleider, zu viel Schminke und hohe Schuhe, in denen sie nur fünf Minuten laufen, aber stundenlang durch Boutiquen humpeln konnte. Papa vermutete, dass die Schuhe und ihre schmerzenden Füße der Grund für ihre andauernde schlechte Laune und ihre Biestigkeit waren. Da könnte was dran sein. Denn das Erstaunlichste an all den alten Fotos an den Wänden war, dass Oma auf jedem einzelnen lächelte und einfach glücklich aussah. Ich kann mich nicht daran erinnern, Oma wirklich mal glücklich gesehen zu haben. Aber wirklich glücklich war bei uns sowieso niemand. Obwohl, Franz vielleicht ein bisschen. Weil er und Papa sich so nahestanden. Wir Brüder hatten nichts. Nicht einmal Freunde zum Spielen, Rumalbern oder Fußballspielen.

»Freunde können dich verraten!«, sagte Mama ständig, wenn sie irgendwelche Nachbarskinder verscheuchte. Sie riet uns, gar nicht erst Freunde zu suchen. Wo denn auch? In der Schule war ich zwar halbwegs oft, weil das Jugendamt sonst Theater gemacht hätte, aber wie sollte ich dort Freunde finden? Meine Mitschüler hielten mich alle für einen Freak.

Einen gefährlichen Problemfall, der nicht nur komische Klamotten trug, sondern auch komplett gestört war. Die machten einen riesigen Bogen um mich, als hätte ich in Elefantenmist gebadet. Selbst wenn ich mich bemühte, freundlich und nett und normal zu sein, ging man mir aus dem Weg. Als ich mal an meinem Geburtstag Süßigkeiten für alle mitgebracht und in kleinen Plastikschüsseln im Klassenzimmer verteilt hatte, sagte keiner danke oder herzlichen Glückwunsch. Als der Schulgong uns nach Hause bimmelte, war nicht ein Schokoriegel gegessen und nicht ein Bonbon gelutscht worden. Alles stand noch so unberührt da, wie ich es hingestellt hatte. Ich nahm alle Süßigkeiten wieder mit und schenkte sie Franz, der sie an einem Nachmittag verputzte. Ich blieb weiter allein. In der Klasse wollte sich niemand neben mich setzen, auf dem Schulhof futterte ich meine Stulle abseits der anderen, und im Sportunterricht wurde ich nie in eine Mannschaft gewählt, weil niemand mit mir spielen wollte. Unser Sportlehrer unterstützte das sogar, angeblich weil ich mich sowieso nicht an Regeln halten konnte. Er setzte mich stattdessen auf einen Stuhl in der Ecke der Halle, wo er mich pausenlos im Blick behalten konnte, damit ich nichts klaute.

Aber all das sollte sich ändern. Es ist mir nicht wichtig, ob mich alle mögen. Nur von allen gehasst oder gefürchtet zu werden, ist wirklich furchtbar. Das musste aufhören. Und ich wollte einen Freund. Wenigstens einen. Daher fasste ich einen Entschluss: Ich werde ein anderer. Keine Diebstähle mehr. Keine Betrügereien, keine Tricksereien mehr. Ich werde ehrlich. Ich werde das weiße Schaf unserer Familie.

KAPITEL 3

Der Tag der Wahrheit

Als ich gegen 10 Uhr früh aufwachte, war ich gleich auf hundertachtzig. Ich hüpfte aus dem Bett, stürmte ins Bad und fünf Minuten später wieder grob gewaschen und ordentlich gekämmt hinaus. Dann zog ich mir meine beste Hose und ein Hemd an, warf mir mein Jackett über und marschierte in die Küche. Auf dem Flur traf ich Franz, der mit einem Schraubenzieher in der Hand versuchte, seinen verkeilten Dietrich aus dem Schloss zu hebeln.

»Was'n mit dir los?«, fragte er. »Hast du dich so brav angezogen, um die Pausengeldnummer durchzuziehen?«

Die Pausengeldnummer geht folgendermaßen. Zieh dich brav an, als müsstest du gerade in den Gottesdienst. Lungere vor einer Grundschule rum, bis ein Erwachsener vorbeikommt. Am besten eine Oma. Fang bitterlich an zu schluchzen. Wenn du einen netten Erwachsenen vor dir hast, wird er versuchen dich zu trösten, und er wird dich fragen, was passiert ist und ob er dir helfen kann. Erzähl ihm nun, dass du dein und das Pausengeld deiner kleinen Schwester verloren hast und dass ihr euch nun nix zu essen kaufen könnt und Hunger schieben müsst. In 99 von 100 Versuchen drückt einem der Erwachsene zwischen zwei und fünf Euro in die Hand. Ein guter Trick, für den man sich nur kreuzbrav anziehen und auf Kommando heulen können muss.

»Nein. Es sind Ferien«, antwortete ich und ging an ihm vorbei in die Küche.

Dort saßen bereits meine Eltern am Tisch. Mutter trank ihren grünen Tee, weil ihr der gut schmeckte, und Papa trank Johanniskraut-Tee, obwohl der schlecht schmeckte, aber gut für seine Nerven war. Oma stand neben der Kaffeemaschine und starrte wütend den durch den Filter tröpfelnden Kaffee an.

»Mach mal hin, elende Maschine. Ich werde auch nicht jünger!«, fluchte sie leise.

Meine Eltern sahen mich irritiert an. Normalerweise kriegen mich keine zehn Pferde in die Stoffhose. Die kratzte nämlich ein bisschen und juckte heftig.

»Was'n mit dir los?«, fragte Mama.

»Ich will mich entschuldigen!«, sagte ich stolz.

Ja, ich hatte mir vorgenommen, nicht einfach nur ehrlich zu werden, sondern mich auch bei der Familie Schönemann zu entschuldigen. Ich fand das angemessen und richtig. Schließlich waren wir dafür verantwortlich, dass das Weihnachtsfest der Schönemanns in einem Desaster endete. Wir und die Tollpatschigkeit ihres Sohnes.

»Kein Ding, Alter! Ich habe dir längst verziehen«, sagte Franz. Er klopfte mir auf die Schulter.

»Hey Papa, jetzt steckt der Schraubenzieher auch noch fest. Kannste mal kommen?«

»Klar!« Papa stellte die Tasse Tee weg und erhob sich.

»Was? Nein!« Ich war etwas verwirrt. »Dich meine ich nicht. Ich will mich bei den Schönemanns entschuldigen!«

Stille. Mein Vater verharrte mitten in der Bewegung. Sein Hintern war wie bei einem Schwimmer nach hinten gestreckt, der gerade in einen Pool springen wollte.

Oma sah zu mir. »Wieso?«, fragte sie komplett verständnislos.

»Weil sich das so gehört.«

Wieder herrschte Stille. Dann lachte erst Mama los und dann die anderen.

»Ich meine das ernst!«, rief ich sauer. Ich spürte, wie mir das Blut in den Kopf schoss. »Ich werde mich bei den Schönemanns entschuldigen, und den von uns angerichteten Schaden werde ich auch bezahlen!«

Ich wusste zwar nicht wie, aber ich fand, auch das gehörte sich so. Das Lachen erstarb.

»Oh, Gott! Entschuldigen. Schaden bezahlen«, stöhnte Oma.

»Hast du sie nicht mehr alle?«, schrie Mama. »Wo kommen wir denn hin, wenn sich jeder für eine begangene Straftat entschuldigt?«

Ich ignorierte sie und zündete die nächste Bombe. »Und außerdem werde ich ab sofort regelmäßig in die Schule gehen!«

Oma musste sich setzen. Dabei drückte sie Papa wieder zurück auf die Küchenbank.

»Aber …«, sagte Papa und begann zu zittern.

»Schule. Regelmäßig«, wiederholte Oma mit belegter Stimme.

Sonst sagte keiner was. Ich kam mir vor wie ein Richter, der dabei ist, das Urteil zu verkünden. Alle glotzten mich schweigend an und konnten nicht glauben, was sie hörten.

»Und ich werde meine Hausaufgaben selber machen …«

»Hausaufgaben. Selber machen«, ächzte Oma.

»... und abschreiben werde ich auch nicht!«

»Nicht abschreiben!« Oma wurde immer blasser um die Nase.

Mama haute mit der Faust auf den Tisch. »Wir Käsebiers gehen nicht zur Schule. Zumindest nicht freiwillig. Wenn wir da überhaupt auftauchen, dann nur, weil uns die Polizei abgeliefert hat!«

»Mir egal. Ich werde hingehen!«, sagte ich. »Außerdem werde ich ehrlich!«

»Wie bitte?«, quietschte Oma mit hoher Stimme. Sie drückte sich ihre Hand theatralisch gegen die Stirn und simulierte einen Schwächeanfall.

»Junge ...«, sagte Papa mit ernster Stimme. »Ich weiß, du kommst jetzt in die Pubertät, und da ist es normal, dass man gegen seine Eltern rebelliert. Aber ...«

»Ich rebelliere nicht. Ich ändere nur mein Leben. Ich werde keine Verbrechen mehr begehen und werde ein guter Mensch! Punkt aus!«

»Ehrlicher Mensch«, Oma war kaum noch zu hören. Sie war auf ihrem Stuhl zusammengesackt und atmete schwer.

»Vielleicht studiere ich auch. Werde Arzt, Anwalt oder Wissenschaftler!«

»Wehe du machst das! Ich warne dich, Freundchen! Hier wird niemand Arzt! Hörst du! Niemand!!«, schrie Mutter hysterisch.

Vater schossen Tränen in die Augen. Er schluckte schwer. »Noch haben wir hier das Sagen, Bürschchen.«

Mama kriegte sich gar nicht mehr ein. Sie fuchtelte mit ihrer kleinen Faust herum. Ich hatte meine Mutter noch nie so wütend gesehen. »Wenn du 18 bist, kannst du tun und lassen was du willst. Aber bis dahin haben wir die Verantwortung für dich. Und ich garantiere dir, du wirst weder Hausaufgaben machen noch Arzt werden!«

»Werde ich doch!« Ich blieb bockig.

»Wirst du nicht. Ende der Diskussion.« Mutter wollte aufstehen.

»Aha. Und warum nicht? Du hast mir selber gesagt, dass du auch nie Verbrecher, sondern immer Tierärztin werden wolltest.«

Mama setzte sich wieder. Sie brauchte etwas Zeit, um zu antworten.

»Das sind Kinderträume, Eduard. Franz wollte Fußballprofi werden und du Astronaut.«

»Vielleicht werde ich ja Astronaut«, sagte ich, und alle lachten.

»Sei nicht albern. Dir wird doch schon auf einem Schaukelpferd schlecht!«, lachte Mama.

Das stimmte leider. Mir wurde wirklich super schnell schlecht. Schon immer.

»Und wenn schon! Dagegen gibt es Pillen«, protestierte ich.

Mama wurde als Erste wieder ernst.

»Eduard, das Leben ist kein Wunschkonzert! Und die Familie und ihre Traditionen sind wichtiger als …«

Sie zögerte.

»Als was?«, fragte ich nach. »He? Als was?«

»Deine Träumereien.« Mutter schrie mir den letzten Satz ins Gesicht. Dann stand sie auf und ging. Als sie an mir vorbeikam, war ihre Stimme eiskalt und schneidend.

»Ich schäme mich für dich.«

Mama verließ die Küche.

Papa sah ihr nach. Dann sah er mich an und sagte mit brüchiger Stimme: »Eduard, wieso hasst du uns so?«

»Tue ich nicht!«, sagte ich. »Ich will nur nicht mein Leben im Gefängnis verbringen.«

»So schlimm ist es da gar nicht«, winkte Oma lässig ab. »Da ist zumindest das Essen besser.« Was wohl stimmte. Wir waren alle lausige Köche. Der schlechteste war Papa. Obwohl er am liebsten von uns allen kochte und uns, während wir seinen Fraß runterwürgten, immer mit seinem »Na? Na? Wie schmeckt's? Schmeckt super, oder?« auf den Sender ging.

Ich drehte mich und verließ die Küche mit meinen ganzen Ersparnissen in der Tasche. 23 Euro und 40 Cent.

Bevor ich die Haustür hinter mir schloss, hörte ich Papa.

»Franz, nun bist du allein unsere große Hoffnung.«

Papas letzter Satz holte Oma zurück unter die Lebenden. Sie begann zu lachen. »Na, dann kann uns ja nichts mehr passieren.«

KAPITEL 4

Der Weihnachtsmann ist wieder da

Ich stand bestimmt schon eine ganze Stunde vor dem Haus der Schönemanns. Hatte schon mindestens zehnmal den Finger auf der Türklingel und traute mich dann doch nicht, zu drücken. Wie würde die Familie Schönemann reagieren?

Ich hatte neben meinen Ersparnissen auch noch die Unterhosen dabei, die mir Mama geschenkt hatte. Schließlich waren rund die Hälfte der Geschenke spontan im Haus der Schönemanns ausgesucht worden. So auch die Unterhosen.

Ich baute mich vor der Tür auf, schüttelte mich, atmete einmal tief durch und drückte die Klingel. Schwere Schritte näherten sich, und Herr Schönemann öffnete die Tür. Herr Schönemann war etwa sechzig Jahre alt, schätzte ich, und eine ziemlich kolossale Erscheinung. Er war groß, ein bisschen dick und sehr kräftig. Wäre er nicht in einem hellblauen Bademantel mit rosa Plüschpantoffeln mit Hasenohren an den Füßen vor mir gestanden, ich hätte ihn mit seinem riesigen Schnauzbart glatt für einen Wikinger gehalten.

»Ja?«, fragte er. Er sah sich um, ob ich wirklich alleine vor seiner Tür stand.

»Ich bin es«, sagte ich matt. »Ich wollte mich entschuldigen!«

»Aha. Und wofür?« Herr Schönemann erkannte mich ohne Bart nicht.

Kurz dachte ich darüber nach, mich für irgendeinen Quatsch zu entschuldigen, die globale Erwärmung, schlimme Hutmode oder sonst was, und dann abzuhauen. Doch ich schüttelte meine Fluchtgedanken ab.

»Ich war der Weihnachtsmann, der in Ihr Haus eingestiegen ist.«

Es dauerte keine Sekunde, bis er begriff, wer ich war. Ich fürchtete, dass er die Tür zuschlagen und die Polizei rufen könnte. Also ging ich ihm einen Schritt entgegen. Er wich zurück.

»Ich wollte mich entschuldigen und hier …« Ich kramte das Geld aus meiner Hosentasche. »Das ist alles, was ich habe.«

Ich hielt ihm meine Ersparnisse entgegen. Langsam entspannte er sich.

»Ist ja nicht gerade viel«, sagte er.

»23,40.«

Wieder sah er mich lange an, bevor er fragte: »Wie seid ihr eigentlich ins Haus gekommen?«

»Briefkasten«, sagte ich.

Herr Schönemann warf einen Blick zu seinem Briefkasten, der schief und zerbeult an der Hauswand hing.

»Viele werfen ihren Schlüssel in den Briefkasten, weil sie Angst haben, ihn im Urlaub zu verlieren.«

»Verstehe«, sagte Herr Schönemann und versuchte vergeblich, die Klappe des Briefkastens zu schließen.

»Entschuldigung, das mit dem Briefkasten tut mir auch leid. Ich kam zu spät.«

»Habt ihr da mit einem Vorschlaghammer draufgehauen?«

»Mehr oder weniger. Das waren mein Bruder und mein Vater. Die sind sehr ungeschickt in so was.«

»Man muss das Ding nicht zu Klump hauen, um es aufzukriegen. Ein bisschen Ruckeln und Ziehen hätte auch gereicht.«

»Ich weiß«, antwortete ich. »So ein Schloss kriegt man auch mit einer Büroklammer auf.«

»Ah.« Herr Schönemann wandte sich vom Briefkasten ab und mir zu. »Mit einer Büroklammer! Du bist wohl so was wie der Meisterdieb der Familie.«

»Na ja«, stammelte ich. »Innerhalb meiner Familie schon irgendwie. Aber das will ich nicht mehr sein! Ich will jetzt ehrlich werden.«

»Du willst ehrlich werden? Auf einmal?«

»Ja. Mit allem Pipapo. Zur Schule gehen. Keine Kaugummis klauen. Hunde streicheln. Falschparker anzeigen. Omas helfen. Und so weiter. Was man halt so macht als ehrlicher Mensch.«

Herr Schönemann kratzte sich seinen buschigen Bart.

»Find ich gut. Du bist ein mutiger Junge, das muss ich schon sagen.«

»Na ja. So gefährlich sind unsere Einbrüche …«

»Nein, das meine ich nicht. Man muss viel Mut besitzen, um hierherzukommen und sich zu entschuldigen.« Er lächelte mich an.

»Jo … ah«, sagte ich und sah meinen Füßen zu, wie sie Figuren in den Schnee zeichneten. Ich war etwas verlegen.

»Was hältst du davon, wenn du für mich arbeitest?«

»Sie meinen, meine Schulden abarbeiten? Rasen mähen und so?«

»Nein. Richtig arbeiten. Gegen Bezahlung natürlich. Du willst ehrlich werden, und ich kann dir dabei helfen. Ich gebe dir einen Job in meiner Spedition. Gute Leute kann ich immer gebrauchen.«

»Echt?« Ich war total überrascht. Einen richtigen Job hatte ich noch nie gehabt. Wenn das mal nicht eine echt ehrliche Art war, sein Geld zu verdienen, dann verstand ich rein gar nichts mehr! Es war aufregend.

»Ja. Jeden Tag zwei Stunden. Du bekommst neun Euro die Stunde. Und wenn du vierzehn Tage pünktlich und zuverlässig warst, bekommst du das hier …«, Herr Schönemann zeigte mir die 23 Euro und 40 Cent, »… als Bonus oben drauf. Abgemacht?« Herr Schönemann streckte mir seine Hand entgegen. Ich schlug ein, und wir schüttelten unsere Hände so kräftig, dass ich befürchtete, der starke Herr Schönemann könnte mich versehentlich übers Haus werfen.

»Darf ich mich noch bei Ihrer Familie entschuldigen?«

»Keine gute Idee«, antwortete Herr Schönemann. »Die beiden waren wirklich sehr geschockt und brauchen noch etwas Zeit, verstehst du?«

»Ja. Natürlich.«

»Schon gut. Wir sehen uns nach Neujahr pünktlich um 7 Uhr in der Spedition. Weißt du, wo die ist?«

»Klar.«

Natürlich wusste ich das. Schönemanns Spedition war spezialisiert auf Kunsttransporte. Von einem Museum zum anderen. Wir hatten schon mehrmals versucht dort einzubrechen. Ohne Erfolg natürlich. Unsere Versuche waren so kläglich, dass sie noch nicht einmal jemand bemerkt hatte. Trotz stundenlangen Herumgehebels an Türen und Fenstern.

»Wer ist da, Schatz?« Eine sehr schrille Stimme pfiff in unseren Ohren und beendete die Händeschüttelei.

»Niemand«, rief Herr Schönemann. »Los, hau ab. Wir sehen uns nach den Feiertagen.« Er zwinkerte mir zu und schloss die Tür.

Das hatte ich mir weitaus schlimmer vorgestellt. Ich hatte gestanden, und mir wurde verziehen. Und obendrauf gab es meinen ersten echt ehrlichen Job. Das war super gelaufen. Nur, wie sollte ich das meiner Familie beibringen?

Zu Hause war die Hölle los. Zumindest akustisch. Oma baute ihren Frust wie immer ab. Sie schoss mit dem röhrenden Staubsauger wie eine Irre durchs Haus und sang lautstark Schlager aus ihrer Jugend. In der Küche hatte Mutter das Radio aufgedreht. Sie versuchte so, Omas Gesang zu übertönen.

Aus dem Keller hörte ich Hammerschläge, die aber ziemlich schnell in Schmerzensschreie übergingen.

Mein Vater und mein Bruder verbrachten fast ihre ganzen Tage im Keller. Sie hatten sich dort eine Werkstatt eingerichtet. »Das Labor!«, nannten die beiden es. Beide liebten James-Bond-Filme. Besonders »Q« hatte es ihnen angetan. »Q« ist der Wissenschaftler, der mit Hunderten von Assistenten cooles Zeug für Agenten erfindet und bastelt. Uhren, die Pfeile verschießen können, Schuhe, die Gegner einschläfern können, und Klopapier, mit dem man sich nicht nur den Hintern abwischen, sondern auch noch Fotos machen kann. Tolle Sache. Wenn man die Reihenfolge einhält. Und da die beiden solche Q-Fans waren, sprachen sie sich in ihrem »Labor« grundsätzlich nur mit ihren Code-Namen »Ä« (Franz) und »I« (Vater) an.

»Gib mir mal ein Pflaster, Ä«, hörte ich I, also meinen Vater, jammern. Er war es also, der sich eben auf den Finger gehämmert hatte. Ich hatte auf Franz getippt. Man kann ihre Stimmen nicht so gut auseinanderhalten, wenn sie schreien. Beide kreischen wie kleine Mädchen. Noch so eine Sache, die Oma in den Wahnsinn trieb.

Gerade als ich in mein Zimmer schlüpfen wollte, beorderte Mutter mich in die Küche. Sie hat echt einen sechsten Sinn, wenn sich jemand wegschleichen will. »Reinkommen«, befahl sie. Ich ging in die Küche. Auf dem Tisch standen Kekse und Tee. Kein gutes Zeichen. Mutter raste an mir vorbei. Sie ging zur Kellertreppe und rief nach Franz und Papa.

»Franz und Klaus gibt es hier nicht!«, rief mein Vater zurück.

Franz lachte: »Wie heißen wir? Sag die Codenamen!«

Machte Mutter nicht. Tat sie nie. Egal wie oft Papa auch darum bettelte.

»Ihr seid in spätestens zwei Minuten oben.«

»Das könnte knapp werden«, rief Papa.

»Zwei Minuten«, sagte Mama und kam zu mir zurück. Oma saugte das obere Stockwerk, das nur aus einem winzigen Flur und ihrem winzigen Schlafzimmer bestand, als hätte dort ein verheerender Sandsturm getobt.

Mein Bruder und mein Vater kamen die Treppe hochgepoltert. Vater trug einen komischen grauen Mantel, der ihm viel zu groß war. Was auch Mutter nicht verborgen blieb.

»Was soll der Mantel?«, fragte sie.

Papa grinste stolz zu Franz runter. Der nicht minder stolz vor sich hin griente.

»Das ist der ›Zweit-Arm-Hände-hoch-Mantel!‹«, prahlte Papa. »Unsere neueste Erfindung!«

Papa hatte Applaus erwartet. Der blieb aber aus. Trotzdem demonstrierte er das neueste Meisterstück von Ä und I.

Er riss seine Arme ruckartig hoch. Und zwar so schnell, dass sein rechter Arm volle Lotte nach oben flog, an die Decke klatschte und vor seinen Füßen landete. Alle glotzten wir auf den abgefallenen Arm.

»Hoppala«, fasste Franz das Malheur zusammen.

»Der ist von einer Schaufensterpuppe. Der ist nicht echt«, stammelte Papa. »Eigentlich sollte das nicht passieren. Das war anders geplant.«

Das war anders geplant. Wenn ich für jedes Mal,

wenn ich diesen Satz von Papa gehört hatte, einen Cent bekommen hätte, besäße Herr Schönemann jetzt 41 Cent mehr.

»Ich repariere das schnell. Moment!« Während der rechte Ärmel locker rumschlackerte, tauchte Papas echter Arm aus der Mitte des Mantels auf. Er hob seinen Plastikarm auf.

»Du kommst jetzt mit deiner Pipifax-Erfindung? Jetzt? Wirklich?« Mama war extrem sauer. Sie warf Papa wieder diesen bösen Eisköniginnen-Blick zu. Mein Vater erstarrte komplett. Von oben bis unten. Von den Haarspitzen bis zu den Fußnägeln, alles stellte das Wachstum ein. Nur sein Mund bewegte sich.

»Aber warum denn nicht jetzt?«, stotterte er und sah hilfesuchend zu Franz runter. Der zuckte nur mit den Schultern.

»Wegen Eduard? Und seiner Schnapsidee, ein ehrlicher Mensch werden zu wollen?«

Vater entspannte sich schlagartig. »Ach, das. Mensch, ehrlich. Der kriegt sich doch wieder ein. Das ist nur 'ne Phase!«, sagte er und tätschelte meinen Kopf.

Ich protestierte »Ist es nicht!«, und tauchte unter seiner Hand weg.

»Ist es doch!«, blieb Vater stur.

»Nein. Ist es nicht!«, schrie ich.

»Doch. Ist es doch!«, schrie Vater zurück, dann haute Mutter dazwischen: »Ruhe!«

Wir verstummten.

»Entschuldigung fürs Schreien«, flüsterte mir Papa zu.

Mutter klopfte auf den Tisch, was so viel bedeutete, wie: Setzt euch, nehmt euch einen Keks und haltet die Klappe.

Nachdem wir alle saßen und mürrisch an trockenen Weihnachtskeksen knabberten, legte Mama los. Sie zog eine Rolle Papier hervor, und ich stöhnte. Ich wusste, was jetzt anstand. Es galt, den heroischen Familienstammbaum der Familie Käsebier zu bewundern. Den breitete sie vorsichtig auf dem Tisch aus, und ich verfiel in eine Art von Wachkoma. So in etwa wie in jeder Mathestunde. Ich hörte zwar, dass sie sprach, aber irgendwie auch nicht. Ihr Gerede kam mir wie Meeresrauschen vor. Ich folgte auch ihren Fingern, die immer wieder zwischen all den großartigen, diebischen Vorfahren hin und her fuhren. Aber in Gedanken war ich längst dabei, meinen neuen Job anzutreten. Was würde wohl meine Aufgabe sein? Kisten in LKWs laden? Kisten aus LKWs entladen? Und was macht man eigentlich sonst in einer Spedition?

Vielleicht darf ich ja mal hinter das Steuer eines dicken Brummis. Bei dem Gedanken, musste ich lächeln. Mutter riss mich unsanft aus meinen Träumereien.

»Hörst du mir überhaupt zu? Zum blöd Grinsen gibt es nämlich keinen Grund!«

»Entschuldige.«

»Gut. Also …«, Mutter fuhr fort, und ich versuchte wirklich aufzupassen, um sie nicht noch wütender zu machen. »… wie du siehst, sind wir direkte Nachfahren eines berühmten deutschen Diebes …«

»Andreas Christian Käsebier«, beendete ich ihren Satz.

Andreas Christian Käsebier lebte und klaute im 18. Jahrhundert. Richtig berühmt wurde er aber, weil er vor Gericht ausgepackt und etliche seiner Bandenmitglieder verraten hatte. Diesen Teil der Geschichte ließ meine Familie grundsätzlich unter den Tisch fallen. Für sie war und blieb er ein ehrenhafter Dieb und ein tolles Vorbild für uns Kinder.

»Ganz genau«, bestätigte Mama nickend. »Und außerdem war unser Vorfahre Winifred Onno Käsebier ein stolzer und berüchtigter Pirat, der unter dem berühmten Piraten Klaus Störtebeker zur See fuhr und …«

»Fische fütterte!«, ergänzte ich.

Mutter reagierte empört. Warum bloß? Es gab ein historisches Bild, das unseren Vorfahren zeigte, wie er direkt neben Störtebeker stand und … nun ja, wie man so schön sagt, wenn man nicht Kotzen sagen will: die Fische fütterte.

Franz kicherte wie immer, wenn es ums Kotzen, Pinkeln oder Kacken ging. Auch Papa musste lachen. Der freute sich aber mehr darüber, dass auch unsere angeblich so heldenhaften Vorfahren gar nicht so perfekt waren wie behauptet. Mutter passte es gar nicht, dass wir uns amüsierten.

»Ein bisschen mehr Respekt, bitte!«, zischte sie.

Wir schwiegen. Mama kam zum Ende. Ihre Stimme klang warm und süß wie Kakao.

»Also, wie du siehst, sind wir keine gewöhnlichen Strauchdiebe. Du stehst in einer langen, stolzen Tradition. In unserer Familie sind wir schon immer Kriminelle geworden. Und darauf darfst du stolz sein.« Mama legte ihre Hände auf meine.

»Bin ich aber nicht«, sagte ich knapp.

»Eduard«, Mutter zog ihre Hände wieder zurück.

»Vielleicht schüchtert ihn die Geschichte der Käsebiers ein. Und er hat einfach Angst zu versagen. Ich könnte es verstehen, wenn es so wäre«, flüsterte Papa leise.

»Warum hörst du ausgerechnet jetzt auf? Kurz bevor wir superduper reich werden?«, fragte Franz.

»Genau«, stieg mein Vater ein. »Was ist mit dem Diamanten? Hör doch einfach auf, wenn wir ihn gestohlen haben. Es ist doch bestimmt besser, reich ehrlich zu sein als arm!«

»Als ob wir den Diamanten klauen könnten. Ich bitte euch. Der ist so gut bewacht, dass sich selbst richtige Diebe nicht an den rantrauen.«

»Was soll denn das heißen?«, fragte Papa sauer. »Sind wir etwa keine richtigen Diebe?«

»Doch, doch. Natürlich«, versuchte ich ihn zu beschwichtigen. »Aber keine guten … keine sonderlich guten … also, ihr seid nicht gut genug für einen Diamantendiebstahl. Kaugummis, klar. Rubbellose? Sicher. Aber Diamanten, nein. Niemals.«

Papa stand auf. Seine Augen waren glasig. Dann sagte er: »Ich habe keinen Sohn mehr!«

Was Franz beunruhigte. »Bin ich auch nicht mehr dein Sohn?«

»Was? Äh. Doch. Entschuldige. Bist du. Natürlich. Komm, wir gehen ins Labor, mein einziger Sohn. Die Verantwortung für die Familie liegt bei uns allein. Wir haben einen Diamanten zu stehlen.«

Beide dackelten Arm in Arm ab. Ich folgte ihnen durch den Flur und huschte in mein Zimmer.

»Na wunderbar …«, sagte Oma, die mit dem Saugen der ersten Etage offensichtlich fertig war und uns nun mit Kopftuch und Schürze von der Treppe aus nachsah. »Der einzig Gescheite dreht durch, wird Arzt oder Anwalt oder was anderes Furchtbares, und die Idioten der Familie übernehmen das Ruder.«

Mein erster
echter Arbeitstag

Die letzten Tage liefen einigermaßen stressfrei ab. Sogar Silvester war fast wie immer. Oma jammerte rum, wie die Zeit rast, mein Vater und Franz schossen Böller und Raketen durch die Gegend, und Mutter trank Sekt. Ich wurde ignoriert. Was mir ganz recht war. Ich blieb fast die ganze Zeit im Bett und stand nur auf, um mir etwas zu essen zu machen, zu pinkeln, mich mal zu waschen und mir ein paar Comics auszusuchen, die ich dann unter der Decke las.

Am zweiten Januar stand ich superfrüh auf, schoss unter die Dusche und zog mir Klamotten an, die ich für einen ersten Arbeitstag passend fand. Was bedeutete, dass ich einfach alle sauberen Sachen anzog, die ich finden konnte. Es war noch stockfinster, als ich das Haus verließ und mich auf mein Fahrrad schwang. Die kalte Januarluft brannte auf meinem Gesicht. Ich bekam meine Finger kaum vom Lenker, als ich die Spedition erreichte. Die Fahrt hatte nur knapp zehn Minuten gedauert, aber trotzdem fühlte ich mich wie ein Eisklotz.

Ich stellte mein Rad am Tor ab. Es war locker so groß, dass man mit vier LKWs gleichzeitig hindurchfahren konnte. Am Tor hatte man ein großes Schild befestigt. »Spedition Schönemann – Sicherheitstransporte« stand darauf.

Hinter dem Tor war ein großer asphaltierter Hof, der von beiden Seiten von zwei sehr hohen Hallen begrenzt wurde. Und vor denen standen wie an der Perlenschnur gezogen zwanzig große schwarze LKWs. Am Kopfende des Hofs stand ein kleineres Bürogebäude. Hinter einem der Fenster im ersten Stock brannte Licht. Ich war so beeindruckt und stolz, hier arbeiten zu dürfen, dass ich die Kälte kaum spürte. Mein erster Tag als normaler Mensch. Mein Magen kribbelte vor Freude. Ab sofort würde alles gut werden.

Ich suchte das verschlossene Tor nach einer Klingel ab, fand aber keine. Gerade als ich über den Zaun klettern wollte, sah ich Herrn Schönemann. Er kam aus dem Bürogebäude auf mich zu.

»Guten Morgen, Herr Schönemann!«

»Guten Morgen, Eduard«, sagte er und sah auf seine Uhr. »Pünktlich wie die Maurer. Das gefällt mir. Komm rein.« Herr Schönemann schlug auf einen dicken roten Knopf, und das Tor öffnete sich quietschend.

»Komm. Ich zeig dir mein Büro, und wir besprechen, was du für mich tun kannst.«

»Sehr gerne«, antwortete ich.

Während wir nebeneinanderher in Schönemanns Büro liefen, plauderten wir ein bisschen wie echte Kollegen.

»Jetzt kriegst du erst mal einen heißen Tee. Du musst doch ganz durchgefroren sein nach der langen Fahrt.«

»Das ist nicht nötig. Ich bin hart im Nehmen«, log ich mit klappernden Zähnen, um nicht wie ein Kind, sondern wie ein echter Kollege zu wirken. »Und der Weg war auch nicht so weit.«

»Ach wirklich? Wo wohnt ihr denn?«

»Bachstraße 17. Das ist in die Richtung. Zehn Minuten mit dem Fahrrad.«

»Bachstraße 17. Gut zu wissen.« Schönemann lächelte mich an.

Er sah zufrieden aus.

»Ich wollte mich übrigens noch bedanken«, sagte ich.

»Wofür?«

»Dass Sie nicht die Polizei gerufen haben.«

»Oh, das habe ich.«

Ich blieb stehen.

»Wirklich?«

Schönemann drehte sich um.

»Natürlich. Was denkst du denn? Gleich gestern nach deinem Besuch.«

»Nachdem ich mich entschuldigt habe?«

»Ja. Und ich habe noch einige teure Sachen von euch klauen lassen. Wie habt ihr nur den Tresor geknackt? Respekt!«

»Aber das haben wir nicht. Das können wir gar nicht.«

»Gut, dass das die Versicherung nicht weiß.«

Schönemann lachte laut. Er marschierte weiter, und ich stolperte hinterher. Als wir sein riesiges Büro erreichten, setzte sich Schönemann stöhnend in den größten Ledersessel, den ich je gesehen hatte. Der stand hinter einem noch gigantischeren Schreibtisch. Der Schreibtisch war schwarz und glänzte wie ein schönes Klavier. Davor stand ein Stuhl aus Metall.

»Setz dich«, befahl er.

Ich setzte mich und sah mich um. Hinter ihm an der Wand hingen etliche gerahmte Fotografien. Auf allen war er zu sehen. Rechts von ihm hingen Bilder, die ihn mit Kunstwerken zeigten. Gemälde, Skulpturen und Antiquitäten, die seine Spedition wohl von einem Museum zum nächsten transportiert hatte. Rechts hingen Fotos, auf denen Herr Schönemann irgendwelchen Leuten die Hand schüttelte.

Herr Schönemann erkannte mein Interesse. Er folgte meinem Blick.

»Lauter wichtige Leute. Politiker, Künstler, Wirtschaftsbosse. Alles Berühmtheiten. Kennst du eh nicht.«

Ich dachte darüber nach, welche Berühmtheiten ich kannte. Philip Berndsen kannte ich gut. Der ging in meine Parallelklasse. Er war eine Berühmtheit bei uns auf dem Schulhof, weil er unglaublich laut und lange rülpsen konnte. Oder Popel Pete, den man nie ohne Finger in der Nase sah.

Und ja, den Paten kannte ich auch. Leider. Der Pate, der eigentlich Hans Kuschelberger hieß, aber auf gar keinen Fall so genannt werden wollte, besaß eine Pommesbude. Er war aber nicht nur für die Fettleibigkeit unseres Viertels zuständig, sondern war in Verbrecherkreisen eine anerkannte Autorität und besaß Macht. In erster Linie, weil alle ihm Geld schuldeten. Außerdem war er mal ein hervorragender Boxer gewesen. Und der Einzige, der es mit Verbrechen zu etwas gebracht hatte. Zum Pommesbudenbesitzer.

»Hey, hör auf zu träumen!« Herr Schönemann holte mich aus meinen Gedanken.

»Entschuldigung!«

»Kommen wir gleich zur Sache. Ich will, dass du etwas für mich klaust.«

»Wie bitte?« Ich war mir sicher, mich verhört zu haben.

»Genauer gesagt, den Golden Hope. Schon von gehört?«

»Ja«, sagte ich. Vielleicht hatte Herr Schönemann nur einen merkwürdigen Sinn für Humor? Wollte er mich verarschen?

»Meine Spedition ist für den Transport des Golden Hope zuständig. Und bevor er zur Auktion gelangt, wird der Diamant hier bei mir eine Nacht aufbewahrt. Im Sicherheitsbereich natürlich.«

»Natürlich.« Das musste ein böser Alptraum sein. Ich kniff mich.

»Gut. Was sagst du dazu?«

»Ist das Ihr Ernst?«, fragte ich, weil ich immer noch darauf wartete, dass Herr Schönemann zu lachen begann und »verarscht!« rief. Aber das tat er nicht.

»Zu 100 Prozent, Eduard Käsebier aus der Bachstraße 12.«

»17.«

»Bachstraße 17. Danke. Den ich hier …«, er schnappte sich eine Fernbedienung und drückte ein paar Sekunden fluchend darauf rum. Die Jalousien fuhren hoch und wieder runter, das Licht ging aus, dafür die Stereoanlage an. Das Radio brüllte Blasmusik und ein aufgekratzter Moderator rief: »Guuuuuten Morgeeeeeen, ihr Frühaufsteher. Euer Jacky hat die tollsten Blasmusikkapellen für einen super Start in den Tag! Auf gehts mit den »Ödertaler Kuhflatschen-Tramplern!«

»Verfluchte Universal-Fernbedienung!«, schimpfte Herr Schönemann und hackte wie ein Irrer auf der Fernbedienung rum, bis er endlich die richtigen Knöpfe erwischt hatte. Die Stereoanlage ging aus, das Radio verstummte, und leise knisternd startete der Fernseher.

Der hing hinter mir an der Wand. Auf dem Bildschirm: ich, Mama, Papa, Franz und Oma. Wie wir im Haus der Familie Schönemann feierten.

»Wir haben Überwachungskameras im Haus«, triumphierte Schönemann.

Das war mir neu. Die Überwachungskameras hatten wir nicht bemerkt.

»So, also, mein Angebot. Du klaust den Diamanten für mich. Ich lösche das Band eurer Weihnachtsfeier, ziehe die Anzeige zurück, und ihr könnt in Frieden leben. Was denkst du?«

»Ich denke, ich gehe jetzt zur Polizei und zeige Sie wegen Erpressung an.«

Ich stand auf. Schönemann lachte mal wieder. Laut, dreckig und gemein.

»Zeig mich nur an. Wem wird die Polizei wohl glauben? Mir, dem Vorsitzenden aller gemeinnützigen Vereine in der Stadt? Dem ehrenhaften Geschäftsmann und Familienvater, der einem offensichtlich verwahrlosten Kind eine Chance geboten hat? Oder dem Meisterdieb Eduard aus der durch und durch kriminellen Familie Käsebier?«

Die Antwort war klar. Sicherlich würde die Polizei

nicht mir glauben. Das täte ich selber nicht. Außerdem waren wir ja tatsächlich bei den Schönemanns eingebrochen. Daran gab es nichts zu rütteln. Und das bedeutete, dass es meiner ganzen Familie an den Kragen gehen würde. Die würden alle im Knast landen. Sogar Franz. Der war bereits 14 und strafmündig. Und was würde dann mit mir passieren? Ich würde bestimmt in ein Heim gesteckt werden. Ich setzte mich wieder.

»Schön, du bist zur Vernunft gekommen. Hast du ein Handy?«

»Schön wär's.« Außer Papa besaß keiner ein Handy.

Schönemann öffnete eine Schublade, kramte ein wenig herum, zog ein Handy heraus und warf es mir zu.

»Nimm das. Und lass es eingeschaltet, damit ich dich immer erreichen kann.«

Ich sah mir das Handy an. Es war ein altes Gerät. Ein potthässliches, in Blau-metallic und zum Aufklappen. Ins Internet konnte man damit nicht. Ich steckte es ein.

Schönemann erhob sich. »Dann auf, auf. Ich führe dich rum.«

Er zeigte mir die bombensichere Lagerhalle. Sie war bis in den letzten Winkel hell erleuchtet, fenster-

los und nur durch eine Sicherheitsschleuse zu be-
treten. In jeder Ecke der Halle hing eine Überwa-
chungskamera. Bis auf zwei Stühle neben der
Sicherheitsschleuse und einem großen Stahlkäfig in
der Mitte war die Halle komplett leer. Der Käfig war
so groß und hoch, dass man damit ein paar Giraffen
mit Partyhüten transportieren konnte.

»Hier drin in der Glasvitrine wird der Diamant ge-
lagert«, sagte Schönemann. Neben der Glasvitrine
standen noch ein kleiner Tisch und ein Stuhl im Käfig.

»Wofür sind der Stuhl und der kleine Tisch?«,
fragte ich.

»Für den Wachmann«, antwortete Schönemann.

»Ein Wachmann wird auch noch drin sein?«, sagte ich.

»Natürlich«, erwiderte Schönemann.

Obwohl ich es kaum für möglich gehalten hätte, sank meine Laune noch weiter. »Toll. Das sind dann schon drei. Zwei neben der Schleuse und einer im Käfig.«

»Viel Feind, viel Ehr!«, schwadronierte Schönemann.

Ich zeigte auf den Käfig. »Selbst wenn ich es bis in die Halle schaffe, wie zum Teufel soll ich da reinkommen?«

»Keine Ahnung. Bin ich der Meisterdieb oder du?« Schönemann grinste fies.

Ich sah mir das Sicherheitsschloss des Käfigs an. Es sah unglaublich stabil aus. Das würde ich im Leben nicht knacken können. Aber das war nicht das Problem. Mein Problem war, ich hatte keinen Schimmer, wie ich überhaupt den Käfig erreichen sollte. Wie sollte ich in die Halle kommen? Und selbst wenn es mir gelänge, wie kam ich an den drei Wachleuten vorbei?

»Ach so, ab etwa hier …«, Schönemann stellte sich in die Mitte der Lagerhalle, »… beginnt der heikle Bereich der Halle.«

»Heikel?«

»Ab hier greift die zweite Alarmanlage. Es sind Laser. Wenn du in die Strahlen läufst, geht sie mit einem Riesenlärm los.«

Ich kniff die Augen zusammen, konnte aber keine Laserstrahlen entdecken. Schönemann zündete sich eine Zigarre an. Er paffte ein bisschen und pustete den Rauch vor sich in die Halle. Sofort begannen die Laserstrahlen grün zu leuchten. Sie kreuzten mehrfach den Raum und ließen gerade mal einer Katze genug Platz, bis zum Käfig hindurchzuhuschen. Na wunderbar, dachte ich.

»Wieso hat die eben nicht Alarm geschlagen?«, fragte ich. Schließlich standen wir eben direkt vor dem Käfig.

»Stiller Alarm. Die ist noch nicht scharf gestellt. Das wird sie dann aber sein.«

»Verstehe. Kann man die abstellen?«, sagte ich.

»Nein, das kann nur die Sicherheitsfirma. Die Anlage wird nicht von hier gesteuert. Und, wie wirst du vorgehen?«

»Keine Ahnung«, sagte ich wahrheitsgemäß. »Ich glaube nicht, dass es möglich ist, hier einzubrechen.«

»Es ist möglich. Weil es möglich sein muss.«

Schönemann zwinkerte mir zu, und ich ballte die Fäuste in den Hosentaschen.

»Ich brauche die Baupläne oder sonst einen Plan«, sagte ich.

»Damit habe ich gerechnet«, sagte Schönemann stolz. Er griff in seine Westentasche und zog einen gefalteten Plan heraus. Auf dem Plan waren alle Gebäude der Spedition eingezeichnet.

»Sind die Alarmanlagen auch mit drauf?«, fragte ich.

»Natürlich. Die habe ich extra eingetragen.«

Schönemann patschte mit seinen dicken Fingern auf dem Plan rum. »Da, da und da.«

Er glotzte mich an, als erwartete er ein Lob von mir, weil er so toll mitgedacht hatte. Aber das konnte er sich abschminken. Ich steckte den Plan ein.

»Das schaffst du, oder?«, fragte er.

»Keine Ahnung«, sagte ich.

Wieder lachte er. Ein Sprühregen aus Spucke überzog mich.

»Nur zur Erinnerung. Wenn du es nicht schaffst, liefere ich dich und deine Familie aus. Dann landet ihr alle im Knast. Also, haben wir einen Deal?«, fragte Schönemann und streckte mir seine Pranke entgegen. Mir blieb keine andere Wahl. Ich schlug ein.

KAPITEL 6

Der Pommes-Pate

Als ich nach meinem ersten Arbeitstag nach Hause kam, schaffte ich es gerade noch, Schönemanns Plan im Schrank zu verstecken. Ich hatte noch nicht mal meine Schuhe ausgezogen, da packte mich Mama schon und zog mich durch den Flur nach draußen. Ich protestierte heftig, aber Mama ließ sich nicht beirren.

Sie sagte nur: »Wir haben einen Termin.«

Vor dem Haus stand Omas altes Auto. Der Motor lief bereits. Papa saß am Steuer, und Franz glotzte mich von der Rückbank aus an.

Mama öffnete die Tür, und ich setzte mich neben Franz.

»Beifahrersitz«, befahl Mama, und Papa wechselte beleidigt den Platz. Wir besaßen keinen eigenen Wagen und mussten uns immer Omas kleine Karre leihen. Allerdings hatte Oma Papa verboten, sich hinters Steuer zu setzen, weil er ein schlechter Autofahrer und sowieso ein Tollpatsch ist, der nichts auf die Reihe kriegt. Von daher war es an Mama, jedes Mal den Chauffeur zu spielen, wenn irgendwer wohin musste.

»Was haben wir denn für einen Termin?«, fragte ich.

»Einen, der dich wieder zur Vernunft bringen wird«, sagte Papa.

»Das wirst du schon früh genug mitbekommen«, sagte Mutter und fädelte sich in den Verkehr ein.

Schweigend gurkten wir durchs Viertel. Dann bogen wir in die Hauptstraße ein. Ein paar kleinere Geschäfte kämpften hier neben zahlreichen 1-Euro-Läden ums Überleben. Mutter parkte vor der Pommesbude »Attila«, die dem Paten gehörte. Erst hoffte ich noch auf Fritten für alle. Aber als wir gleich ins Hinterzimmer weitermarschierten, war mir klar, was hier ablief.

Am Ende des kleinen Zimmers, hinter einem Schreibtisch, der nicht mal halb so groß war wie der von Schönemann, saß der Pate auf einem Campingstuhl. Er rauchte eine Zigarette, deren Asche er in eine Kaffeetasse schnippte.

»Setzt euch«, sagte der Pate.

Seine Glatze glänzte im Schein der Neonröhre, die an der Decke vor sich hin flackerte. Mama setzte sich auf einen weißen Klappstuhl und zog mich auf den zweiten. Papa sah sich um und pflanzte sich auf einen Getränkekasten.

»Na, wollt ihr mir endlich meine 10 000 Euro zurückzahlen?«, fragte der Pate. Er grinste. Papa wand sich auf seinem Getränkekasten. Ich hatte keine Ahnung, dass wir dem Paten Geld schuldeten, war aber auch nicht sonderlich überrascht.

»Äh, nein. Weißt du …«, fing Papa an.

Der Pate lachte und winkte ab. »Ich weiß, was ihr wollt.«

»Hat sich das schon rumgesprochen?« Meine Mutter war entsetzt.

Der Pate hörte gar nicht hin. »Ich habe natürlich einen Job für euch. Ich lasse euch doch nicht hängen.«

»Aber. Wir, ich …« Papa stammelte los. Einen Job konnte er gerade gar nicht gebrauchen. Der Pate unterbrach ihn.

»Dir wird dein ›aber‹ schon vergehen, wenn ich dir sage, wie viel da drin ist. Los, ratet!«

Wir wollten gerade raten, als der Pate »Eine Million!« rausposaunte. Was sich in etwa so anhörte: »Eine Milljooohn Euro.« Er zog »die Million« in die Länge, als ob die Zahl dadurch noch unvorstellbarer würde, als sie es für uns eh schon war.

»Für euch sind da locker zwanzig- bis dreißigtausend drin. Was sagt ihr?«, fragte er und klatschte mit beiden Handflächen kräftig auf den Schreibtisch. Der schwankte bedenklich. »Was sachter?«

Wir »sachten« nichts. Wir kannten das schon. Es ging beim Paten immer Minimum um eine Million. Riesending. Coup des Jahrhunderts. Darunter machte er es nicht. Zumindest während der Vorgespräche. Am Schluss konnte man immer froh sein, wenn man nicht im Knast landete und die Fahrtkosten wieder reinbekam.

Der Pate hatte mit seinen Coups mehr Leute hinter Gitter gebracht als mancher Polizist. Komplizen waren für ihn auch als Bauernopfer da. Er blieb immer im Hintergrund. Wenn sein Plan misslang, mussten die Komplizen in den Knast, und er war fein raus. Und da meine Eltern vielleicht nicht die Schlauesten waren, aber doch nicht total doof, winkte mein Vater ab.

»Nee, lass mal.«

»Was? Wieso?«

»Ach, weißt du. Im Moment. Die Banken. Wüsste gar nicht, wohin mit der Kohle.«

»Also erstens hast du Schulden bei mir, die bald fällig werden, und zweitens, für Geld findet sich doch wohl immer irgendwo ein Plätzchen«, stellte der Pate völlig zurecht fest.

Papa ignorierte das. Auf seiner Stirn bildeten sich Schweißperlen. »Ja, aber im Moment ist echt schlecht. Nächstes Mal aber ganz bestimmt. Wir haben andere Probleme. Mit Eduard. Deshalb sind wir auch hier. Könntest du mal mit ihm reden und ihn zur …«

Der Pate ließ seine Zigarette in die Kaffeetasse fallen, die zischend erlosch. »Du hast nur ein Problem. Und das sind deine Schulden bei mir. Deine anderen Problemchen interessieren mich nicht.«

»Nicht?«

»Kein bisschen. Und jetzt haut ab.«

Leider fuhren wir nicht so schweigend, wie wir gekommen waren. Mama war sauer auf Papa.

»Wann hattest du eigentlich vor, mir zu erzählen, dass du Schulden bei ihm hast?«, fragte sie so ruhig, dass wir alle wussten, gleich knallt es. Mama hat eine eher kurze Zündschnur. Die ging schneller hoch als eine Rakete in der Mikrowelle.

»Bald. Entschuldige«, sagte Papa. »Ehrlich. Es tut mir leid.« Papas Strategie lautete immer: Kopf senken, Dackelblick, flüstern und dabei wenig sagen und viel entschuldigen.

»Wie konntest du nur!? Ich bin so was von enttäuscht von dir.«

»Mir ist da eine Sicherung durchgebrannt. Mir blieb nichts anderes übrig.«

»Dir blieb nichts anderes übrig, als uns ausgerechnet ihm auszuliefern?«

»Ähhhääh.« Papa fiel nichts ein.

»Ähhhääh«, äffte Mutter ihn nach.

»Aber …«

»Nix aber. Du bist manchmal so ein Hornochse.«

Mama raste mit uns nach Hause. Franz und ich rutschten auf unseren Sitzen hin und her wie auf einer Achterbahn.

Während Franz vergeblich versuchte, sich nicht zu übergeben, musste ich grinsen. Am liebsten hätte ich laut losgelacht.

Meine Eltern holten sich pädagogische Unterstützung nicht etwa bei einem Psychologen, dem Jugendamt oder einem Vertrauenslehrer. Nein, sie schleiften mich zum übelsten Typen der Stadt. Und das nur, um mich davon abzuhalten, einen echten Job anzunehmen. Einen ehrlichen Job, der nur die Tarnung für den größten Diebstahl der Familie Käsebier aller Zeiten ist. Einen Einbruch, der meine ganze Familie stolz und mich zur Legende machen würde. Nur wollte ich dieses legendäre Ding gar nicht durchziehen, und erzählen durfte ich davon auch nichts. Was für ein

Irrsinn. Schönemanns Handy begann zu vibrieren und leise in meiner Hosentasche zu brummen.

»Was brummt denn hier?«, fragte Papa und guckte ins Handschuhfach. »Hörst du das Brummen auch, Schatz?«

»Hier brummt nichts. Dir ist bestimmt nur mal wieder eine Sicherung durchgebrannt.«

Ich schob vorsichtig das Handy aus meiner Hosentasche, drehte mich zum Fenster, als würde ich unser hässliches Viertel bestaunen und klappte das Handy auf. Ich hatte eine SMS.

Bau bloß keinen Scheiß.
Du weißt, was dann passiert!
GS

Schlaflos durch die Nacht

Ich lag im Bett und wartete darauf, dass alle schlafen gingen, damit ich wieder aufstehen konnte. Ich musste den Bauplan studieren. Da konnte ich meine neugierige Familie nicht gebrauchen. Es fiel mir sehr leicht, mich wach zu halten. An Schlaf war nicht zu denken. Ich war viel zu aufgeregt. Außerdem schnarchte Franz wie ein Bär mit verstopfter Nase. Ich hatte die Ohren gespitzt und lauschte durchs Geschnarche ins Haus hinein. Normalerweise ging nach uns Kindern erst Oma zu Bett, dann Papa und zum Schluss Mama. Die genoss in der Küche bei einem Glas Tee und einer heimlichen Zigarette noch ein paar Momente der Ruhe. Die Uhr auf Schönemanns Handy sprang auf eins, als ich hörte, wie Mama das Flurlicht ausschaltete und die Küchentür schloss. Knapp eine Viertelstunde blieb ich sicherheitshalber noch liegen. Dann stand ich auf, schlich zum Schrank und holte den Bauplan. Auf Zehenspitzen schlich ich in den Flur und spinkste durchs Schlüsselloch ins

Wohnzimmer. Es war stockdunkel. Das Licht schon aus. Die Luft war rein. Ich hörte, wie sich jemand auf dem Klappsofa wälzte. Bestimmt träumte Papa wieder schlecht. Machte er oft. Ich schlich in die Küche. Bevor ich das Licht anmachte, zog ich die Gardinen zu, dann rollte ich den Plan auf dem Küchentisch aus. Er zeigte detailliert die beiden Lagerhallen und auch das Bürogebäude. Inklusive aller Alarmanlagen. Meinen Kopf in meinen Händen starrte ich Ewigkeiten auf das Blatt Papier vor mir. Irgendwie musste ich in die Halle kommen, die beiden Wachleute rauslocken, den Käfig knacken, den Diamanten klauen und wieder abhauen. Und all das, ohne den Alarm auszulösen. Wegen der Kameras, die alles aufzeichnen würden, brauchte ich zusätzlich auch eine gute Verkleidung. Am besten eine, bei der man mich auch nicht als Kind identifizieren konnte. In der ich wie ein zu kurz geratener Erwachsener wirkte.

Mir fiel ein kleines Quadrat auf, das direkt an der Außenwand der Halle eingezeichnet war. Die Mauer war an diesem Stück schraffiert worden. Was war das? Ich tippte auf die Klimaanlage. Und eine Klimaanlage braucht eine Öffnung. Schließlich muss die frische Luft irgendwie in den Raum gepustet und die verbrauchte abgesaugt werden. Insgesamt drei dieser

Quadrate konnte ich an der Wand entdecken. Ich versuchte mich an eine Belüftung oder eine Klimaanlage zu erinnern. Aber das Einzige, das mir einfiel, waren Sicherheitsschleusen, Laser, und wir auf einem Videoband, wie wir Weihnachten feierten.

Mir blieb nichts anderes übrig, als morgen früh gleich als Erstes zu Schönemann zu fahren, um die Sache zu überprüfen. Wenn es eine Belüftung gab, könnte ich vielleicht durch sie unbemerkt in die Halle schlüpfen. Die Wanduhr schlug dreimal, als ich hörte, wie die Tür geöffnet wurde. Blitzschnell rollte ich den Plan zusammen, löschte das Licht und robbte unter die Küchenbank. Ich zog meine Beine an und machte mich so klein wie möglich.

Zwei, drei Sekunden später sah ich die nackten Füße von Papa, wie sie im Halbdunkel der Küche zum Kühlschrank schlurften. Er öffnete die Kühlschranktür mit einem Ruck. Gläser und Flaschen klirrten. Licht fiel auf mein Gesicht. Während Papa im Getränkefach herumkramte, rutschte ich weiter zurück und drückte mich tiefer in den Schatten. Papa schloss den Kühlschrank und setzte sich genau über mich. Er öffnete eine Dose. Es knackte und zischte. Papa trank und rülpste leise. Nach ein paar Minuten und ein Paar eingeschlafener Füße meinerseits stand er endlich auf und schlurfte zur Tür. Keine Sekunde zu früh. Ich kam mir schon vor, wie eine zu eng eingedoste Sardine. Meine Füße kribbelten, als würde ein Ameisenvolk eine Party auf ihnen feiern. Meinen linken Arm spürte ich schon fast gar nicht mehr. Als hätte man mir Agent Äs und Is Puppenarm an die Schulter genäht. Gerade als Papa die Tür hinter sich schließen wollte, hörte ich meine Mutter.

»Nee, nee. Geh mal zurück. Wir müssen reden.« Sie klang sanft, aber bestimmt.

»Ich …«

»Pssst. Du weckst die anderen noch auf.« Mama legte ihren Zeigefinger auf seine Lippen und schob ihn in die Küche.

»Setz dich, bitte«, sagte sie.

Papa setzte sich, und ich rutschte still fluchend wieder nach hinten. Ich drehte mich ein bisschen, um meinen linken Arm zu entlasten.

»Ich weiß, es geht um die zehntausend. Es tut mir wirklich leid, und ich kann verstehen, dass du böse auf mich …«, entschuldigte sich Papa stammelnd.

»Ich bin dir nicht böse«, sagte Mama.

»Nicht?« Papa war so überrascht wie ich.

»Nein. Ich weiß, dass du das Geld gebraucht hast, um mich aus dem Gefängnis zu holen. Aber eines musst du mir versprechen. Wir werden niemals, wirklich niemals, mit dem Paten gemeinsame Sache machen. Du weißt ja, wie das endet.«

»Weiß ich. Dieses Mal können wir uns auch noch drücken, Johanna. Aber ganz ehrlich, und es tut mir auch leid, aber wenn wir die Schulden nicht zurückzahlen können, sind wir beim nächsten Mal dran.«

»Wir brauchen zehntausend Euro«, murmelte Mama nachdenklich.

»So schnell wie möglich«, sagte Papa.

»Hm.«

»Hm.«

Beide saßen schweigend da und rührten sich nicht. Mama wibbelte nur ein bisschen mit ihrem Bein. Das macht sie immer, wenn sie nervös ist oder nachdenkt.

»Hm.«

»Hm.«

Mama ließ sich zurück an die Lehne fallen und ächzte.

»Heute wird das nichts mehr.«

»Nee.«

»Lass uns ins Bett gehen. Morgen ist auch noch ein Tag.« Mama versuchte optimistisch zu klingen.

Arm in Arm gingen sie aus der Küche, und ich wusste, was ich zu tun hatte.

Ich schlich zurück in unser Zimmer, legte mich aufs Bett, kratzte all meinen Mut zusammen und rief Schönemann an.

»Ja¿«

»Ich bin's«, sagte ich.

»Seh ich«, grunzte Schönemann. Er klang total verpennt. Ich atmete dreimal durch.

»Ich will zehntausend Euro. Sonst mache ich es nicht.« Es sollte cool und sicher klingen. Allerdings überschlug sich meine Stimme, und ich klang ein bisschen wie Donald Duck, wenn ihm eine Sicherung durchbrennt.

Schönemann sagte erst mal nichts. Er schnaufte. Ich konnte mir gut vorstellen, wie wenig super er meine Erpressung fand.

»Vergiss es«, zischte er.

»Dann bin ich raus.«

Ich beendete das Gespräch. Zwei Minuten später brummte das Handy auf meinem Bauch. Unbekannter Teilnehmer. Ich nahm das Gespräch an.

»Ja?«, fragte ich.

»Einverstanden«, sagte Schönemann knapp.

Ich ballte eine Siegerfaust. »Gut. Ich muss noch mal in die Lagerhalle. Ich habe vielleicht eine Idee.«

»7 Uhr im Büro«, sagte Schönemann.

»Ich werde pünktlich sein.«

Ich legte das Handy weg. Meine Hand zitterte wie Wackelpudding. Ich hatte keine Idee. Nicht mal eine schlechte. Ich hatte ein kleines Quadrat und ein schraffiertes Rechteck. Sonst nichts.

»Aber Morgen ist ja auch noch ein Tag.«

KAPITEL 8

Katzen, die an Füßen lecken

Ich stand mit Schönemann draußen vor der Halle und hielt den Plan in der Hand. Die eingezeichneten Quadrate entpuppten sich tatsächlich als eine Klimaanlage. Allerdings waren das ganz schön dicke Kisten, die da draußen vor der Halle brummend Luft in die Halle bliesen. So eben mal auf die Seite schieben konnte man die nicht. Sie waren dreimal so groß wie eine Waschmaschine und schienen nur aus einem Kasten, ein paar Rohren und einem großen Propeller zu bestehen, der sich geschützt durch einen Rost in der Mitte drehte. Leider standen die Anlagen so nah an der Wand, dass ich nicht sehen konnte, wie groß die Öffnung in der Mauer war, durch die die Luft abgesaugt und eingeblasen wurde.

»Kann man die abschalten?«, fragte ich

»Natürlich«, sagte Schönemann genervt. »Alles, was man einschalten kann, kann man auch abschalten.«

Schönemann sah erschöpft aus. Wir waren insgesamt viermal um die Lagerhalle gelaufen. Er immer keuchend zwei Meter hinter mir her. Für einen Wikinger war er in erstaunlich schlechter Verfassung.

»Hm. Ich kann nicht sehen, wie groß das Loch in der Wand ist.«

»Geh halt von drinnen gucken«, sagte Schönemann und wischte sich den Schweiß von der Stirn. Da hätte ich auch selber drauf kommen können. Ich lief in die Halle. Der Luftschacht der Klimaanlage war auf Bodenhöhe und gerade mal so breit und hoch, dass ein kleines Kind hindurchschlüpfen konnte. Ich legte mich davor. Wenn ich die Luft anhielt und den Kopf auf die Seite legte, könnte ich mich durch die Öffnung quetschen. Wahrscheinlich zumindest.

»Kann man die Klimaanlage abbauen?«, fragte ich.

»Sicher«, sagte Schönemann. »Aber warum sollten wir das tun?«

»Ich will wissen, ob ich da durchpasse.« Ich zeigte auf das Gitter in der Wand.

»Glaube ich nicht«, sagte Schönemann.

»Ich schon.«

Schönemann verdrehte die Augen und stöhnte. Er war allen Ernstes genervt, dass er für sein Verbrechen auch noch mit anpacken musste. Arbeiten war seine Sache scheinbar nicht. Die nächste Stunde bauten wir, ohne ein weiteres Wort zu wechseln, die Klimaanlage ab und schoben sie ein Stück von der Wand weg. Vor uns lag die mit einem Gitter verschlossene Öffnung.

Schönemann sah auf seine Uhr. »Ich muss telefonieren. Den Rest schaffst du ja wohl auch alleine.«

Während sich Schönemann vom Acker machte, schraubte ich das Gitter ab und steckte den Kopf durch die Öffnung. Er passte gerade mal so eben durch. Ich versuchte mich auf dem Rücken liegend wie ein Wurm durch das schmale Loch zu winden und blieb prompt auf Brusthöhe stecken. Ich versuchte wieder zurückzurobben. Ich kam keinen Zentimeter vor oder zurück. Egal wie ich mich drehte und wendete, ich steckte fest, als hätte man mich wie einen Nagel in die Wand gehämmert.

»Komm nicht raus«, ächzte ich. »Hänge fest.«

Mein Brustkorb war eingeklemmt. Außerdem hatte sich mein Pullover verhakt. Den hätte ich besser ausgezogen. Ich konnte nur noch ganz flach atmen. Langsam, aber sicher spürte ich, wie sich Panik in meinem Körper breitmachte. Ich komm hier nie wieder raus. Nie wieder. Mit dem Kopf drinnen und meinem Körper draußen, sah ich mich die letzten Jahre meines Lebens in eine Wand eingeklemmt verbringen. Man würde mich mit Suppe füttern müssen.

Ein Schnitzel, Pommes oder Kuchen konnte ich nicht schlucken. Mein Brustkorb war so stark eingequetscht, dass ich kaum Luft bekam. Wie sollte ich da eine Frikadelle runterwürgen? Es ist ja schon *nicht* eingeklemmt höllisch schwer, im Liegen etwas zu trinken oder zu essen, ohne sich zu verschlucken oder total einzusauen. Außerdem bräuchte ich rund um die Uhr eine Wache, die auf meine Beine aufpasste. Nicht, dass mir Katzen die Füße ableckten, so was machen die ja gerne. Und ich war extrem kitzelig. Die Panik nahm immer mehr zu. Ich hechelte hektisch nach Luft. Würde ich nun für immer hier feststecken? Würde ich verhungern oder, noch schlimmer, eine Touristenattraktion werden?

Ich schrie und zappelte. Zappelte und schrie. Ich war total in Panik.

»Immer mit der Ruhe«, hörte ich Schönemann sagen. Ich wurde an meinen Knöcheln gepackt und mit einem Ruck aus der Öffnung gezogen. Draußen angekommen, setzte ich mich auf und schnappte nach Luft. Ich tastete meine Brust ab. Keine Verletzungen. Nur mein Pullover war zerrissen.

»Ich habe doch gesagt, das ist zu eng«, sagte Schönemann.

»Da fehlt nur ein bisschen«, sagte ich trotzig. »Ein klitzekleines bisschen.«

»Ein bisschen oder viel zu klein spielt keine Rolle. Du passt nicht durch. Da musst du dir was anderes ausdenken«, sagte Schönemann.

»Muss ich wohl«, gab ich zu. So wie es aussah, musste ich es tatsächlich durch die Tür versuchen. Was bedeutete, dass ich mich gleich bei der Polizei melden konnte.

Schönemann wippte auf seinen Zehenspitzen auf und ab und sah mich erwartungsvoll an.

»Und? Wie lautet der neue Plan«, fragte er.

»Weiß ich noch nicht. Ich brauche aber auf alle Fälle noch Handschuhe und ein paar Einbruchwerkzeuge«, sagte ich.

»Welche?«

»Weiß ich noch nicht genau.«

»Na gut!« Er zog ein dickes Bündel Geldscheine aus seiner Tasche. Er zählte vierhundert Euro ab und überreichte sie mir.

»Geh in den Baumarkt und kauf alles, was du brauchst. Handschuhe, vielleicht eine Maske und so ein Dings.« Er machte Hebelbewegungen, als wollte er etwas aufbrechen.

»Stemmeisen«, sagte ich.

»Genau! Stemmeisen. Ich glaube, mit dir habe ich einen echten Fachmann an Land gezogen.« Schönemann lachte fies. Ich steckte das Geld ein und sah Schönemann an, wie er so dastand und sich beömmelte. Er trug wieder seinen dicken Pelzmantel. In dem sah er aus wie ein amerikanischer Superreicher aus dem Fernsehen. Wie einer dieser Typen, die alles haben. Dicke Autos, Riesenhäuser und Yachten. Die nach dem Zähneputzen ihren Mund mit Champagner ausspülen statt mit Wasser. Ich fragte mich, ob er nur so tat als ob.

Ich hakte nach. »Ist es das wirklich wert? Ich meine, der Ruf Ihrer Firma ist doch komplett ruiniert, wenn der Diamant ausgerechnet bei Ihnen geklaut wird.«

»Darauf kommt es nicht mehr an. Sieh dich um. Es ist mittlerweile nach neun Uhr.«

Der Hof war immer noch menschenleer. Das Bürogebäude wirkte wie ausgestorben. Alle LKWs standen in ihren Parkbuchten. Keine Arbeiter. Keine Kisten zum Verladen. Es war absolut nichts los.

»Verstehe«, sagte ich, steckte das Geld ein und ging.

»Und vergiss die Quittung nicht!«, schrie er mir hinterher.

Ich drehte mich nicht um, sondern marschierte geradewegs aus dem Tor.

Mein Fahrrad war weg.

Geklaut.

Gab es denn überhaupt keine ehrlichen Menschen mehr?

In der Klemme

Zu Hause waren alle ausgeflogen. Ich hatte das ganze Haus für mich. Die vierhundert Euro von Schönemann legte ich neben den Plan unter meine Matratze. Ich setzte mich hin und versuchte mich zu entspannen, mal einen kurzen Moment nicht daran zu denken, dass man mich in wenigen Tagen in Schönemanns Lager verhaften würde. Vergeblich. In meinem Kopf liefen immer die gleichen Bilder ab. Ich sah, wie man mich in Handschellen abführte. Wie meine Eltern sauer waren, weil ich sie belogen und verraten hatte. Von wegen ehrlich werden und so. Ich wollte sie nur nicht dabei haben. Die Beute für mich behalten. Nicht mit ihnen teilen. Sie würden mir niemals glauben, dass ich den Einbruch nur durchzog, um sie zu schützen, und dass Schönemann mich erpresste. Für sie werde ich ein Verräter sein. Bei aller Streiterei hielt unsere Familie, wenn es darauf ankam, zusammen wie Pech und Schwefel. Ich stand auf. Ich brauchte eine Limonade. Im Kühlschrank fand ich keine. In dem war neben Mamas Weißweinflasche, die quer im Gemüsefach lag, nur Butter. Jede Menge Butter. Zwei Reihen von Butterpäckchen stapelten sich darin. Jeweils fünf Päckchen hoch und fünf Päckchen breit. Das waren locker hundert Päckchen. Ungefähr zumindest. Die Mathematik gehörte bei den Käsebiers zu den vernachlässigbaren Wissenschaften. Was einer der Gründe für unseren seit Jahrhunderten andauernden Misserfolg sein könnte.

Aber wofür brauchten wir so viel Butter? War Vater in eine Molkerei eingestiegen? Oder hatte Oma vor, uns das Wochenende mit selbstgebackenem Butterkuchen zu versauen? Ich sah in die Schränke und atmete erleichtert auf. Kein Mehl, keine Mandelsplitter, nichts deutete darauf hin, dass Oma backen wollte. Das Telefon, das auf der Fensterbank der Küche stand, klingelte.

Ich nahm den Hörer ab. »Ja?«

Papa war an der Strippe und hielt sich nicht mit Höflichkeiten auf. »Gib mir mal deine Mutter.«

»Die ist nicht da.«

»Wo ist sie?«

»Weiß ich nicht.«

»Wann kommt sie wieder?«

»Weiß ich nicht.«

»Hängt kein Zettel an der Kühlschranktür?«, fragte Papa.

Ich sah hinüber. Die Kühlschranktür war unser schwarzes Brett. Dort hinterließen wir Nachrichten auf kleinen bunten Zetteln und hängten mit Magneten Fotos, Postkarten, Vorladungen fürs Gericht und andere liebgewonnene Erinnerungsstücke dran.

»Nee. Kein Zettel«, sagte ich.

Papa antwortete nicht. Ich hörte ihn schwer atmen, bevor er weitersprach. »Gut. Beziehungsweise nicht gut. Aber egal. Du musst uns helfen.«

»Aha?«

»Komm in die Schlossallee 18.«

»Und was soll ich da?«

»Hab ich doch gesagt: uns helfen. Und bring Butter

mit. Jede Menge Butter. Eine Tüte voll. Und komm sofort, hörst du? Sofort!«

Bevor ich protestieren oder nachfragen konnte, was los war, legte er auf. Was zum Teufel? Was wollte er mit so viel Butter? Und warum war er in der Schlossallee? Das war eine feine Gegend. Nur lauter reiche Leute wohnten dort. Hatte er versucht einzubrechen? Aber wozu dann die Butter? Ich war irritiert. Ich schaufelte alle Päckchen aus dem Kühlschrank in eine Tüte und stürmte aus dem Haus. Da ich weder das Rad von Franz noch das von Papa finden konnte, blieb mir nichts anderes übrig, als den Bus zu nehmen. Ich brauchte fast vierzig Minuten, bis ich aus unserem schäbigen Viertel in einer komplett anderen Welt war.

Die Schlossallee war die schönste Straße des prächtigsten Viertels der Stadt. In der Schlossallee wohnte man nicht, man residierte. Alle Familien, die hier ihre Villen hatten, waren schon seit mindestens hundert Jahren hier und schwerreich. Altes Geld, nannte Oma das. Generationen von Käsebiers waren schon an den hohen Zäunen und an den bissigen Hunden, die durch die parkähnlichen Gärten rasten, um einen fremden Hintern zu finden, in den sie beißen können, verzweifelt.

Ich hoffte sehr, dass den beiden Chaoten nicht gerade dasselbe widerfuhr. Mehr, als sehnsüchtig auf die wundervollen Häuser zu starren, während man von der Polizei abgeführt wurde, war für uns Käsebiers in der Schlossallee noch nie drin gewesen. Vor meinem geistigen Auge sah ich sie durch einen Garten hetzen. Mit an ihren Hintern festgebissenen Hunden.

Ich stieg an der Haltestelle Parkstraße aus. Von hier war es nicht mehr so weit. Die Schlossallee begann ein paar hundert Meter weiter. Nach wenigen Minuten war ich dort. Die von Birnbäumen gesäumte Allee lag direkt vor mir. Sie wand sich wie eine Schlange dahin. Licht flutete durch die kahlen Bäume und ließ die verschneiten Zweige glitzern, als wären sie mit Diamanten bestäubt worden. Kein Auto parkte am Straßenrand. Keines fuhr hier entlang. Es war ruhig. Man hörte nur die Amseln singen und durch die dichten, immergrünen Büsche und Sträucher huschen. Von Franz und Papa war nichts zu entdecken. Weder sie selbst noch ihre Fahrräder. Ich sah auf das große schmiedeeiserne Tor neben mir. Hausnummer 2.

Die palastartigen Häuser standen so weit auseinander, dass ich eine gefühlte Ewigkeit brauchte, um von der Hausnummer 2 bis zur Hausnummer 18 zu laufen. Die Nummer 18 hatte einen derart großen, verwilderten Vorgarten, dass man das Haus nur weit entfernt erahnen konnte. Ich sah auf das Klingelschild. Graf Buddelschilf. Der Name sagte mir etwas. Wenn ich mich recht entsann, war der Graf berühmt für seine Sammlung kostbarer chinesischer Vasen. Ich grübelte. Sollte ich klingeln? Waren die beiden beim Grafen zu Besuch? Ich blickte auf meine Tüte. Wollten sie mit ihm Kekse backen?

Ich legte meinen Finger auf den goldenen Klingelknopf. Dann hörte ich Papas Stimme. »Hey. Hey. Hey! Nicht klingeln. Hier!«

Ich sah nach rechts. Hinter einem kleinen Stück Mauer und geschützt von einem dicken Stamm steckten mein Vater und Franz nebeneinander im Zaun fest. Und als ob das nicht schon peinlich genug wäre, taten sie das quasi nackt. Sie trugen nur Schuhe, eine Unterhose und lächerliche Masken wie die von den Panzerknackern. Papa wedelte mit seinem rechten Arm. Sein Handy hielt er in der Hand. Wo hätte er es auch hinstecken sollen?

»Was macht ihr denn da? Und warum habt ihr nur Unterhosen an?«, fragte ich.

»Wir wollten ein paar Vasen klauen. Wir brauchen

schnell Geld, wegen unserer Schulden beim …«, sagte Franz.

»Das interessiert ihn eh nicht«, fuhr Papa dazwischen. »Bring die Butter her, Eduard. Wir erfrieren.« Ich lief zu ihnen, und selbst wenn ich keinen Schimmer hatte, wozu, reichte ich ihm ein Päckchen Butter. Die beiden rochen nach Pfannkuchen.

»Was wollt ihr mit der Butter?«, fragte ich.

»Einschmieren«, sagte Papa.

»Was wollt ihr einschmieren?«, fragte ich.

»Uns!«, sagte Franz und verdrehte die Augen, als sei ich der Idiot, der nackt in einem Zaun eingeklemmt war.

»Und warum?«, fragte ich.

»Damit wir hier durch den Zaun flutschen können«, sagte Franz nicht ohne Stolz und ergänzte noch stolzer: »Das war meine Idee.«

»Funktioniert ja toll, deine Idee«, sagte ich.

»Ja! Tut sie auch!«, sagte Franz trotzig. »Wir sind hier 1a reingeflutscht. Nur für den Rückweg sind wir nicht mehr glitschig genug.«

»Ihr ward im Haus?«, fragte ich ungläubig.

»Und ob!«, sagte Papa stolz.

Ich suchte die Beute.

»Und wo sind die Vasen?«

Beide sahen sich zerknirscht an.

»Es, äh … ja …« Papa stotterte verlegen. »Uns ist da ein winzig kleiner Denkfehler unterlaufen.«

Während ich das Handy in meine Hosentasche stopfte, versuchte Papa einhändig die Butter auszuwickeln. Es misslang.

»Hilf mir mal«, sagte Papa, und ich entfernte das Papier und ließ die mittlerweile weiche und ranzig riechende Butter in seine Hand plumpsen. Papa hob seinen eingekeilten Arm etwas an und versuchte verzweifelt, die Butter auf seinem Bauch und seiner haarigen Brust zu verteilen. Es gelang ihm nicht richtig, und mir schwante Böses. Richtig Übles. Das durfte nicht passieren. Auf keinen Fall. Wenn ich das tun musste, würde ich mein Leben lang zum Psychiater laufen müssen. Dreimal die Woche. Mindestens.

»Mist. Das haut nicht hin«, stellte Papa fest. »Los, Eduard. Schmier mich mit Butter ein.«

Ich wich zurück.

»Auf gar keinen Fall!«, protestierte ich.

»Willst du uns im Stich lassen?«, fragte Franz.

»Wäre ja nicht das erste Mal«, sagte Papa verbittert.

Ich stöhnte, fügte mich in mein Schicksal und schnappte mir die Butter.

»Aber nicht geizen. Gerade auf die Brusthaare muss jede Menge Butter. Sonst ziept es«, kommandierte Papa.

Ich weiß nicht, ob schon mal jemand seinen nur mit Schuhen, einer Panzerknacker-Maske und Unterhose bekleideten Vater mit Butter eingerieben hat. Wenn ja, melde dich und lass uns eine Selbsthilfegruppe gründen. Ich schloss die Augen und versuchte, an etwas Schönes zu denken, während ich mit meinen schmierigen Händen über Papas noch schmierigere haarige Brust fuhr und die stinkende Butter auf seinem Oberkörper verrieb wie eine Überdosis Sonnenmilch.

»Wieso habt ihr keine Hosen an?«, fragte ich.

»Um sie nicht mit Butter einzusauen. Oma hat heute

Geburtstag, und wir haben nur noch eine saubere Hose«, erklärte Papa. Dass Oma heute Geburtstag feierte, war mir komplett entfallen. Was aber kein Wunder war. Schließlich feierten wir erst seit zwei Jahren wieder Omas Geburtstag. Viele Jahre zuvor brach Oma die Feierlichkeiten zu ihrem 60. Geburtstag abrupt ab. Papa, der Esel, hatte sie versehentlich auf ihr tatsächliches Alter hingewiesen, indem er 60 Kerzen auf ihre Torte gesteckt und angezündet hatte. Es sah echt toll aus. Fast wie ein großes Lagerfeuer. Als Oma den Flächenbrand auf Buttercreme sah, brach sie erst in Tränen aus und dann ins Gartenhäuschen ein. Dort blieb sie den ganzen Tag und die ganze Nacht deprimiert hocken. Sie ließ sich selbst von Mutter und einer Flasche Champagner nicht mehr zurücklocken. Oma trank den Champagner alleine in ihrem Exil. Am nächsten Morgen kam sie wieder ins Haus und erklärte, von nun an auf Geburtstage und alles andere verzichten zu wollen, was sie auf ihr Alter hinwies. Nach ihrer Ankündigung raste sie in die Stadt und verbrachte Stunden bei der Kosmetikerin, beim Friseur und in Klamottenläden, die eigentlich dafür bekannt waren, Minirock tragende Teenager anzulocken. So ging es ein paar Jahre, bis Oma begann, die Geschenke zu vermissen. Großzügig erklärte sie sich dann vor zwei Jahren dazu bereit, uns zuliebe wieder welche in Empfang nehmen und Kuchen verputzen zu wollen. Unter der Bedingung, dass niemand ihr Alter erwähnte, auf eine Karte schrieb oder als Kerzenmeer auf den Kuchen steckte.

»Auf die linke Brust noch was.« Papa riss mich aus meinen Gedanken. Ich schmierte ihn, wie befohlen, weiter ein. Ganze vier Packungen hatte ich mittlerweile auf ihm verteilt, als Papa endlich sagte. »Das dürfte reichen.«

Papa atmete aus und flutschte stöhnend in die Freiheit. Er rieb sich seine gerötete Brust. »Das hat ganz schön wehgetan«, jammerte er.

»Jetzt mich. Macht schnell, bevor ich festfriere«, sagte Franz.

Das Einschmieren meines Bruders übernahm Papa. Ich war schon traumatisiert genug.

Als beide wieder in Freiheit waren, kramten sie Franz' Sporttasche aus einem kleinen Spalt in einem Baumstamm. Sie holten ihre Hosen, T-Shirts und dicken Pullis raus und zogen sich an. Ich versuchte, meine fettigen Finger mit Schnee zu säubern. Es gelang nicht so richtig, und sie stanken weiter wie nix Gutes. Als ich den beiden nachsah, wie sie ihre Räder aus einer dicken Hecke zogen und davonradelten, kam mir ein Gedanke, den ich noch nie gedacht hatte. Sollte die Idee von Franz vielleicht etwas taugen? Ich war mir sicher, dass ich ordentlich eingebuttert oder eingeölt durch den Lüftungsschlitz der Klimaanlage passte. Das Risiko war natürlich da, dass ich trotzdem stecken blieb. Und dann wäre die Blamage noch um einiges größer. Wer will schon verhaftet werden, während er mit Butter eingeschmiert und nur mit einer Unterhose bekleidet in einer Wand feststeckt? Ich schüttelte den Gedanken ab. Das war trotzdem immerhin so etwas wie ein Hoffnungsschimmer. Und den hatte ich bitter nötig.

Eine tolle Überraschung

Ich fand nichts. Ich hatte meine Habseligkeiten mehrfach durchwühlt, um irgendein Geschenk für Oma zu finden. Geld ihr eines zu kaufen, besaß ich nicht. Meine Karriere als Dieb hatte ich an den Nagel gehängt, und meine letzten paar Kröten besaß Schönemann. Ich ging in die Knie und fuchtelte mit einem Besenstiel unter meinem Bett rum. Das Bett war so alt und durchgelegen, dass man kaum druntergucken konnte. Als Erstes fischte ich eine alte Socke hervor, die ich dem Geruch nach wohl im Sportunterricht getragen hatte. Dann tauchte ein Dreißig-Euro-Schein auf, den Papa während einer nicht so cleveren Phase seines Lebens selbst gedruckt hatte. Ich porkelte noch ein paar benutzte Taschentücher hervor, eine von Franz' Unterhosen aus seiner letzten Bettnässerphase und eine kleine Zigarrenkiste. Meine Schatztruhe! Die hatte ich bereits vor Jahren gefüllt. Als ich noch klein war, packte ich alles, was mir wertvoll erschien, dort hinein. Einen dünnen Silberring, eine kleine Taschenlampe, in der die Batterien ausgelaufen waren, ein kleines Spielzeugauto aus Metall. Ein Taschenmesser mit Schraubendreher und Korkenzieher, das ich Mama gemopst hatte. Ein paar bunte Halbedelsteine. Und ein Foto.

Das Foto war ungefähr vor vier Jahren geknipst worden. Ich musste sofort lächeln. Eine tolle Erinnerung! Trotz der unerwarteten Dusche. Damals hatte Mutter zum ersten Mal Probleme mit den Nerven. Bergluft tut gut, hilft gegen alles, war sich mein Vater sicher. Also sind wir ins Auto gesprungen und in die Berge gedüst. In so ein kleines Dorf mit mehr Kühen als Menschen. Dort war so wenig los, dass Franz und ich in Windeseile vergreisten. Waren wir zu Hause kaum zu bändigen, reichte es uns hier völlig, mit Mutter auf dem Balkon unseres Hotelzimmers zu liegen. Wir tranken Limonade und lasen Comics. Neben uns lag Mama im Liegestuhl und schlief oder las die Mode-Magazine, was sie zu Hause nie tat. Sie trug sogar eine Sonnenbrille und ein Kleid, wie die Frauen in den Zeitschriften. Es war toll mitzuerleben, wie es ihr von Tag zu Tag besser ging. Kurz vor unserer Abreise tigerten wir zu viert durchs kleine Städtchen, und Papa schob uns in einen Trachtenladen. Wir sollten uns was Schönes aussuchen. Egal wie teuer es auch sein mochte. Ich entschied mich für eine Lederhose Marke Hinterwäldler, Franz für einen Wanderstock, den man auch als Keule benutzen konnte, und Mama für ein Dirndl. Sie sah toll darin aus. Fanden alle. Papa war schwer stolz und drückte sie ständig an sich. Das Dirndl trug sie den ganzen Tag und sogar als die beiden abends ausgingen. Später hat sie es nie mehr angezogen.

Ich legte das Foto wieder vorsichtig in die Kiste und kramte weiter darin herum. Ganz unten, unter einem kleinen Notizbuch, fand ich ein zweites Bild. Auf dem Foto war die ganze Familie zu sehen. Zu Karneval. Sogar Opa war mit drauf. Omas erster Mann und ihre große Liebe.

Das musste ein super Geschenk sein. Schließlich hing im ganzen Haus kein einziges Foto, auf dem die ganze Familie zu sehen war. Ich durchwühlte meinen Schrank. Irgendwo musste noch bunte dicke Pappe sein. Die brauchte ich mal für die Schule. Ich fand die Pappe. Sie war leider rosa. Aber das war egal. Ich holte eine Packung Nudeln aus der Küche, schnitt die Pappe zurecht und klebte das Foto in die Mitte und die Nudeln als Rahmen drum herum. Fertig war Omas Geschenk zu ihrem was weiß ich wievielten Geburtstag. Ein tolles Geschenk. Ich packte es in übrig gebliebenes Geschenkpapier von Weihnachten ein und verstaute es im Schrank. Dann nahm ich mir noch mal den Plan vor.

Plötzlich näherten sich Schritte, und ich faltete den Plan schnell wieder zusammen. Ich steckte ihn mir in die Hose und zog mein T-Shirt drüber. Franz enterte frisch geduscht unser Zimmer. Er roch jetzt nach einem Apfelpfannkuchen. Franz rubbelte seine Haare ab und warf mir sein nasses Handtuch mit Schmackes ins Gesicht.

»Handtuchschlacht?«, fragte er mich und grinste.

»Nee. Muss aufs Klo«, sagte ich und verschwand im Bad.

Ich verriegelte die Tür, setzte mich auf den Pott und faltete den Plan wieder auseinander. Ich graste ihn Zentimeter für Zentimeter auf der Suche nach einer Schwachstelle ab. Die Wachleute waren mein größtes Problem. Am besten wäre es, wenn ich sie irgendwie aus der Halle locken könnte.

Es klopfte an der Tür.

»Eduard⸮«

Es war meine Mutter. Ich erschrak. Und obwohl eine Tür zwischen uns war, fühlte ich mich ertappt.

»Ja⸮«, rief ich zurück und versuchte, so normal wie möglich zu klingen. »Was wollt Ihr von mir⸮«

Was wollt Ihr von mir⸮ Seit wann siezte ich meine Mutter⸮ Und seit wann redete ich auf dem Pott, als wäre ich ein Graf, der auf seinem Thron sitzt⸮

»Wieso ihr⸮ Ich bin alleine«, sagte Mama.

»Schon gut. Sprecht. Was kann ich für Euch … äh … dich tun⸮«

Sprecht!⸮ Ich musste wirklich sofort damit aufhören, ständig die dämlichen Prinz-Eisenherz-Comics meines Vaters zu lesen.

»Geht es dir gut⸮«, fragte Mama »Du bist schon fast eine Stunde da drin.«

Eine Stunde⸮ Ich war überrascht. Die Zeit rast immer dann, wenn man es nicht gebrauchen kann.

»Äh. Ja. Nein. irgendwie nicht so ganz«, antwortete ich.

»Was hast du⸮«

»Durchfall.«

»Oha. Musst du zum Arzt? Hast du Fieber?«, fragte Mama.

»Nein und nein. Ich habe wohl nur was Falsches gegessen«, rief ich.

»Was ist los?«, fragte mein Bruder.

»Eduard hat Magenprobleme.«

»Flitzkacke?«, fragte Franz.

»Aber hallo«, antwortete Mama.

»Hat er sich bestimmt bei seiner ehrlichen Arbeit eingefangen«, schlussfolgerte Franz. »Wir sind das nicht gewohnt. Kein Wunder, dass sich ihm der Magen umdreht!«

»Könnt ihr mich jetzt bitte wieder allein lassen? Danke!«, rief ich genervt. Der Plan rutschte mir von den Knien und segelte zu Boden.

»Natürlich«, sagte Mama.

»Mach bloß das Fenster auf!«, schrie mein Bruder.

»Und wenn es dir besser geht, komm in die Küche. Oma kommt gleich runter, und dann gibt es Kuchen«, sagte Mama.

Die beiden verzogen sich.

Ich hob den Plan wieder auf und strich ihn auf meinen Knien glatt. Dabei fiel mein Blick auf eine Alarmanlage, die ich bislang total vernachlässigt hatte. Die

Alarmanlage des Bürogebäudes. Was wäre, wenn ich im Bürogebäude die Alarmanlage auslöste? Würden die Wachmänner ihre Posten verlassen, um das Bürogebäude nach möglichen Einbrechern abzusuchen? Wenn ja, wäre ich sie in der Halle los. Nur, wie sollte ich sie auslösen? Ich könnte mich einschleichen und sie einfach per Hand starten. Das würde gehen. Das wäre unauffällig, und ich würde keinen Schaden anrichten. Aber ich entschied mich dann doch dafür, einfach einen Stein durch Schönemanns Bürofenster zu werfen. Das hatte der Typ verdient. Gut. Ich hatte einen Plan. Ob der was taugte, würde sich noch zeigen. Jetzt galt es noch, die Kameras auszutricksen.

KAPITEL 11

Camping bei Minusgraden

Als ich in die Küche kam, saßen Papa, Franz und Mama schon am gedeckten Tisch. Alle drei trugen spitze Partyhüte. Zwei mit mehr Begeisterung (Papa und Franz) und eine eher resigniert (Mama). Mama hasste jede Art von Verkleidungen, nachdem sie vor zwei Jahren während des Rosenmontagzugs einen völlig fremden Jungen mit nach Hause geschleift hatte. Der Junge, er hieß Torben, war wie ich als Zorro unterwegs gewesen. Zwar meckerte er die ganze Zeit, während Mama ihn am Umhang nach Hause zerrte, aber Mama hörte nicht hin. Weil ich ja angeblich auch immer rumjammerte, wenn es nach Hause ging. Später musste Mama bei der Polizei Rede und Antwort stehen und sich von Torbens Mutter übel beschimpfen lassen, während ich noch immer am Rosenmontagszug rumlungerte und Kindern Süßigkeiten aus ihren Beuteln stibitzte.

Mein Partyhut lag auf meinem Stuhl. Er war spitz, grün und mit fliegenden Schweinen bedruckt. Ich setzte ihn mir auf und grinste in die Runde. Omas Hut stand neben ihrem Kuchenteller. In der Mitte des Tischs stand eine Torte. So eine schneeweiße, mit rosa Zuckerschrift obendrauf. Herzlichen Glückwunsch und ein Herzchen. Mama hatte Luftschlangen über den Tisch gepustet, Konfetti verstreut und kleine Teelichte in kleine Gläschen gesteckt und angezündet. Auf Omas Teller stand ein Schokomuffin mit einer einzigen Kerze drin. Das war die Stellvertreter-Kerze. Sie stand für die hundert Kerzen, die eigentlich in ihre Torte gehörten. Als Oma in die Küche kam, begannen wir »Happy Birthday« zu singen, und Oma spielte die Überraschte. Sie schlug ihre Hände vors Gesicht und behauptete, sich jetzt setzen zu müssen, weil sie so überrascht und überwältigt sei. Sie sagte immer wieder, dass wir uns wegen ihr nicht so eine Mühe hätten geben sollen, dass das doch nicht nötig gewesen wäre, und so weiter. Was alles komplett gelogen war. Wehe, Oma wird mal nicht abgefeiert. Dann hängt der Haussegen Minimum einen Monat schief. Selbst als Oma sich alle Feierlichkeiten zu ihrem Geburtstag verbat, war sie stinksauer, wenn man ihr keine Feier ausrichtete, die sie durch Abwesenheit torpedieren konnte. Meine Oma hat das »Beleidigtspielen« erfunden.

Sie pustete die Kerze auf ihrem Muffin aus, und wir applaudierten und jubelten laut. Dann aßen wir alle ein großes Stück Torte. Die Erwachsenen tranken Kaffee. Franz, ich und Papa tranken Kakao. Und dann war es an der Zeit, die Geschenke zu überreichen. Als Erstes war Franz dran. Er zog einen zerknitterten roten Umschlag aus seiner Gesäßtasche.

»Herzlichen Glückwunsch, Oma. Das ist von mir«, sagte Franz.

»Vielen Dank.« Oma nahm den Umschlag lächelnd an und sah hinein.

»Rubbellose! Unsere einzige Chance, mal zu Geld zu kommen«, jubelte sie übertrieben und warf Papa einen gemeinen Blick zu. Der tat so, als hätte er ihre Stichelei gar nicht mitbekommen.

Oma wandte sich wieder Franz zu. »So eine tolle Idee! Vielen Dank mein Schatz.«

»Hab ich selbst geklaut!«, prahlte Franz.

»Das hast du toll gemacht«, wurde er von Oma gelobt. »Das nächste Mal musst du nur darauf achten, dass die nicht schon freigerubbelt wurden. Das sind alles Nieten.«

»Wo hast du die denn her?«, fragte Papa.

»Aus der Lottobude«, sagte Franz, der fassungslos auf die wertlosen Rubbellose glotzte. »Die habe ich von dem Tisch neben der Kaffeemaschine geklaut. Die hat so'n Typ vergessen.«

»Der Typ hat die nicht vergessen. Der war nur zu faul, die in den Mülleimer zu werfen. Und deshalb hast du auch nicht geklaut. Du hast den Müll rausgebracht!«, sagte ich.

Haltet den Dieb!
Er hat meinen Müll
gestohlen!

JUWELIER

Oma machte eine Schwamm-drüber-Geste und gab Franz einen dicken Schmatzer auf die Stirn.

»Der gute Wille zählt. Danke schön«, sagte sie.

Mama lächelte Oma an, weil sie so nett zu Franz war. Oma fiel das auf. Sie flüsterte ihr zu: »Der Kleine kann ja nichts dafür, dass er so ein Schwachkopf ist.«

Mama schob Oma ihr Geschenk zähneknirschend rüber. Oma überging Mamas Verärgerung einfach und wickelte schnell das Geschenk aus. Es war ein Buch. Ein dicker Bildband über exotische Inseln. So mit türkisfarbenem Wasser und weißen, von Palmen gesäumten Sandstränden. Sofort schlitzte Oma die Folie des Buchs auf und riss sie eilig runter. Dann blätterte sie ein paar Minuten selig und begleitet von vielen »Ahs« und »Ohs« von einer Insel zur nächsten.

Oma träumte schon seit Jahren von einer Weltreise, die sie durch die wildesten Dschungel, zu den traumhaftesten Stränden und in die aufregendsten Städte dieser Welt führen sollte. Wenn im Fernsehen eine Dokumentation über entlegene Orte und Landschaften lief, saß sie mit offenem Mund wie in Trance vor der Glotze. Natürlich war uns allen klar, dass sich ihr Traum niemals erfüllen würde. Aber träumen kostet nichts.

Jetzt war ich dran. Ich übergab Oma das in rotes Papier gewickelte Nudelbild und sagte: »Herzlichen Glückwunsch, liebe Oma.«

Oma sagte nichts. Sie schnappte das Bild und fetzte das Papier runter. Drei, vier Nudeln fielen auf den Tisch. Oma hielt das Foto eine Weile in der Hand.

»Was'n das?«, fragte Franz.

Ich beobachtete Oma genau. Wartete auf ein Lächeln. Ihre Lippen zitterten ein bisschen. Dann sah ich, wie ihr Tränen in die Augen stiegen. Tränen der Rührung, hoffte ich.

Sie legte das Bild vorsichtiger beiseite, als ich es erwartet hatte. Mama nahm es und sah mich böse an.

»Da ist Otto drauf«, zischte sie mir zu.

»Ist das nicht Opa?«, fragte ich.

»Natürlich nicht. Opa ist vor eurer Geburt gestorben.« Mama flüsterte, damit Oma sich beruhigen konnte.

Ich schämte mich. Natürlich wusste ich, dass Opa knapp vor meiner Geburt verstorben war. Ich hatte es nur vergessen. Und jetzt hatte ich ihr ein Foto geschenkt, auf dem Otto zu sehen war. Der Heiratsschwindler und die zweite große Liebe meiner Oma. Eine Liebe, die nicht erwidert wurde. Otto verarschte Oma nach Strich und Faden und nahm sie aus wie eine Weihnachtsgans.

»Entschuldigung, Oma. Ich dachte, das wäre Opa.«

Oma wischte sich die Tränen aus dem Gesicht und atmete einmal tief aus.

»Schon gut«, sagte sie und stand auf.

»Wo gehst du hin?«, fragte Mama.

»Bin gleich wieder da«, antwortete Oma und verschwand aus der Küche, um nur wenige Momente später mit einem dicken Filzstift in der Hand wieder zurückzukehren. Sie setzte sich, nahm das Foto und sagte: »So, dann machen wir mal ein schönes Familienbild daraus« und übermalte Ottos Gesicht.

»Hättest ihm auch Hasenohren malen können«, sagte Franz.

»Oder Vampirzähne«, schlug Papa vor.

»Vampire find ich super«, sagte Franz. »Die sind cool.«

»Supercool«, fand auch Papa.

Oma sagte nur. »Otto war nicht cool. Er war ein Arsch.«

»Ein Arsch mit Vampirzähnen«, rief Franz, bückte sich nach vorne, packte mit beiden Händen seine Arschbacken und tat so, als würde sein Hintern sprechen können. »Ich will nicht pupsen. Ich will dich beißen.«

Wir mussten alle lachen. Sogar Mama und Oma. Obwohl die eigentlich nicht so auf ordinäre Späße standen, in denen es um Hintern, Pupsen, Kacken und so ging.

»Jetzt bin ich dran! Mach dich auf eine tolle Überraschung gefasst«, sagte Papa triumphierend.

»Das mache ich bei dir immer«, antwortete Oma kühl.

»Ich habe die letzten Wochen jede Nacht an deinem Geschenk gebastelt.«

»Also warst du das doch! Ich hatte gehofft, wir hätten einen Waschbären im Keller«, sagte Oma.

An Papa prallte heute alles ab. Er war viel zu aufgeregt, sein Geschenk zu präsentieren, um sich von Omas Gemeinheiten aus der Bahn werfen zu lassen. Er hob vorsichtig einen komischen Ball aus einer Papiertüte und stellte ihn noch vorsichtiger ab.

»Tadaaa!«, jubelte er.

Offensichtlich hatte sich Papa trotz des eindringlichen Flehens und Bittens von Mama nicht davon abbringen lassen, selber etwas für Oma zu bauen.

Der Ball sah aus, als hätte ihn Papa aus Pappmaschee geformt. Er hatte einen Fuß aus Blech, war ganz grün und in etwa dreimal so groß wie ein Tennisball. Oben steckte eine Zündschnur drin.

»Was ist denn das?«, fragte Franz aufgeregt. Er platzte fast vor Neugier und lag halb auf dem Tisch.

»Nicht anfassen!«, sagte Papa streng.

»Toll, ein Geschenk, das niemand anfassen darf«, sagte Oma.

»Das hier …«, fuhr Papa unbeirrt fort, »… ist ein

Tischfeuerwerk! Eines, das ich selber erfunden habe.«

Mama machte große Augen.

»Ich weiß doch, wie sehr du Feuerwerk magst«, sagte Papa und lächelte Oma an.

»Ich mag auch Elefanten, möchte aber trotzdem keinen auf dem Tisch sitzen haben«, entgegnete die.

»Boah. Ein Elefant. Stellt euch mal vor, der würde hier auf dem Tisch sitzen. Wie super wäre das denn!?«, sagte Franz.

»Das wäre total super«, sagte Papa.

»Kann man Elefanten im Zooladen kriegen?«, fragte Franz.

»Glaube ich nicht. Aber wir könnten mal nachfragen«, sagte Papa.

»Das wäre super«, freute sich Franz, der allen Ernstes glaubte, demnächst mit einem Elefanten spazieren zu gehen.

Mama wurde es zu bunt. Sie sah Papa streng an.

»Kommt da noch was?«, fragte Oma.

»Natürlich! Bereite dich auf ein Spektakel der ganz besonderen Art vor«, sagte Papa feierlich und hielt sein Feuerzeug an die Zündschnur.

Gebannt beobachteten wir, wie die Glut sich zischend zum Ball durchfraß. Dann war die Glut im Inneren verschwunden und es passierte … nichts. Das Zischen erstarb. Es war mucksmäuschenstill.

Wir starrten alle noch eine Weile auf den Ball, aber es passierte nichts. Nullkommanix.

Oma hob ihre Hände. »Na, vielen Dank auch. Das war ein ganz tolles Feuerwerk, genauso wie ich es erwartet hatte.«

Sie erhob sich.

»Aber das verstehe ich nicht. Das war anders geplant. Eigentlich müssten jetzt Luftschlangen durch die Gegend fliegen und Konfetti und Musik …«

»Müsste. Müsste. Müsste«, sagte Oma, und Mama massierte mal wieder ausgiebig ihre Schläfen.

Papa nahm das Tischfeuerwerk in die Hand und schüttelte es. Was sich unmittelbar darauf als keine allzu gute Idee entpuppte. Im Ball ertönte ein »plopp«. Papa ließ Omas Geschenk vor Schreck fallen. Der Ball hüpfte noch ein bisschen auf dem Tisch rum, bevor er mit einem lauten Knall explodierte. Statt Konfetti blies der Ball Rauch in die Luft. Jede Menge dichten, pechschwarzen Rauch. Innerhalb weniger Sekunden war die komplette Küche verqualmt. Wir sahen kaum die Hand vor unseren Augen.

»Raus hier! Raus hier!«, schrie Mama, während Papa die Rauchbombe in den Ausguss warf und den

Wasserhahn aufdrehte, damit seine tolle Überraschung nicht auch noch das Haus abfackelte.

In einer Reihe, mit den Händen auf den Schultern des Vordermanns, liefen wir nach draußen.

Wenigstens hatte Oma jetzt eine Polonaise zu ihren Ehren bekommen.

Die Partystimmung war im Keller. Vor allem, nachdem die von Nachbarn gerufene Feuerwehr uns dringend ans Herz legte, die nächsten Tage in ein Hotel zu ziehen. Und zwar so lange, bis der nicht giftige, aber enorm stinkende Rauch komplett aus dem Haus gezogen war. Aber für ein Hotel hatten wir natürlich kein Geld. Wir waren alle ziemlich deprimiert. Bis auf Papa. Der war Fehlschläge und überraschende Feuerwehreinsätze gewohnt. Er erklärte unsere prekäre Situation als die Möglichkeit, mal ein echtes Abenteuer zu erleben. Camping im Vorgarten!, schlug er vor. In unseren Garten hinter dem Haus passten keine zwei Zelte. Da standen zu viele Bäume rum.

»Wie cool ist das denn?«, fragte er immerzu. »Supercool, oder?«

Aber bis auf Franz, der eine extrem kurze Zündschnur hatte, wenn es um spontane Begeisterungsstürme ging, verzogen wir alle das Gesicht. Besonders Oma war stinkig. Sie hatte sich von der Feuerwehr ihren Notfallkoffer nach draußen schleppen lassen. Ein Ungetüm, in das ich mit meinem Bruder zusammen reingepasst hätte. Diesen Notfallkoffer hatte Oma gepackt, als wir bei ihr einzogen. »Um für alle Überraschungen und Katastrophen gerüstet zu sein«, behauptete sie.

»Was willst du mit dem Koffer?«, fragte ich.

»Weg. Ich träume schließlich von einer Weltreise und nicht davon, bei minus fünf Grad in unserem popeligen Vorgarten zu zelten.«

»Ach, komm. So schlimm ist das doch nicht!«, sagte Papa, während Franz begeistert mit einem Tuch vor dem Mund ins Haus raste, um die Zelte vom Dachboden zu holen.

»Ich gehe in ein Hotel. Und du bezahlst«, entschied Oma.

Ein Taxi fuhr vor, und sie stieg ein. Sie kurbelte das Fenster runter: »Ich bin im Palasthotel. Wir sehen uns in zwei Tagen wieder.« Oma kurbelte das Fenster wieder hoch, und das Taxi fuhr davon.

»Das wird mich locker fünfhundert Euro kosten«, ächzte Papa.

»Mindestens«, sagte Mama.

Das Palasthotel war das beste Hotel der ganzen Stadt. Da wohnten immer jede Menge Berühmtheiten und andere Reiche. Bestimmt waren auch schon ein paar Prominente von Schönemanns Fotowand dort abgestiegen. Im Palasthotel war total viel aus Gold. Die Klinken, die Wasserhähne und so. Überall lagen dicke Teppiche, die weicher waren als meine Matratze. Menschen in Anzügen und mit weißen Handschuhen öffneten einem die Türen, damit man das Gold nicht begrabbelte. Im Foyer spielte rund um die Uhr ein Pianist. Ob das immer derselbe war, weiß ich nicht. Wahrscheinlich nicht. Außerdem hatte das Hotel eine Bar mit gemütlichen Ledersesseln, in der man Cocktails trinken konnte. Cocktails sind Getränke für Leute, die so fein sind, dass ihnen eine Sorte Alkohol nicht genügt. Es war also exakt das

Umfeld, das Oma als ihren natürlichen Lebensraum empfand.

Papa wurde bleich. »Das bringe ich alles wieder in Ordnung. Das verspreche ich dir hoch und heilig«, sagte er zu Mama.

Die legte ihren Arm um seine Schulter. »Versteh mich nicht falsch, mein Schatz«, antwortete sie und sah Papa dabei tief in die Augen. »Ich liebe dich. Aber ich habe quasi gar kein Vertrauen in dich.«

KAPITEL 12

Ich, Ä und I und eine Idee
bei minus 5 Grad

Die beiden Zweimannzelte im Vorgarten aufzubauen, war echt schwierig. Wir bekamen die Heringe
einfach nicht in den Boden. Nachdem wir den vierten
beim Versuch, ihn in den steinhart gefrorenen Boden
zu rammen, verbogen hatten, riss Papas Geduldsfa-
den. Er rannte in den Keller und kam mit der größten
Bohrmaschine wieder nach oben, die ich je gesehen
hatte. Mir wurde angst und bange. Blöderweise war
Mutter mit dem Auto weggedüst, um Schlafsäcke,
Decken und Kissen aufzutreiben, die nicht so furchtbar stanken.

Nun war niemand da, der Papa davon abhalten
konnte, Unsinn anzustellen.

»Schlagbohrer«, sagte er nur und starrte hass-
erfüllt auf den Boden, als hätte der ihn persönlich beleidigt.

Papa schraubte einen riesigen Bohrer in die Maschine und legte los. Die Maschine heulte auf, und

Papa hatte seine liebe Mühe, sie unter Kontrolle zu bekommen. Immer wieder geriet er ins Wanken. Der Bohrer fräste dann unkontrolliert durch Omas geliebten Rasen und zog Papa hinter sich her.

»Fertig!«, schrie Papa nach einer Ewigkeit und betrachtete stolz sein Werk.

Der Rasen sah aus, als wären hier Maulwürfe durchgedreht und Amok gelaufen. Franz steckte den ersten Hering in ein Loch.

Natürlich waren die Löcher viel zu weit und zu tief für die dünnen Heringe. Die fielen einfach ins Loch und waren damit auf Nimmerwiedersehen verschwunden.

»Da habe ich wohl etwas zu tief gebohrt«, sagte Papa.

»Viel zu tief«, sagte Franz, der auf dem Bauch lag und mit einem Stöckchen versuchte, die Heringe wieder aus den Bohrlöchern zu fischen.

»Ich hol Zement«, sagte Papa.

In einem Eimer rührte Papa Zement an und kippte ihn vorsichtig in die zahlreichen Bohrlöcher. Franz stand daneben und steckte jedes Mal, wenn das Loch mit Zement gefüllt war, einen Hering mittig hinein.

»Perfekt«, sagte Papa stolz, nachdem in jedem Bohrloch ein Hering steckte. »Jetzt muss nur noch der Zement aushärten, und wir können die Zelte dran festmachen.«

»Super Job, Papa«, sagte Franz.

»Meinst du nicht, dass Oma sauer wird?«, fragte ich schlotternd.

»Wieso sollte sie?«, fragte Franz.

»Weil wir ihren Vorgarten erst verwüstet und dann betoniert haben?«

Papa blieb Optimist. »Ach was. Wenn wir wieder ins Haus können, fräsen wir die Heringe weg und malen den Zement grün an. Die wird davon gar nichts mitbekommen.«

Pünktlich zu Mamas Rückkehr standen beide Zelte. Mutter winkte uns zu sich. Auf der Rückbank lagen vier Schlafsäcke, vier Luftmatratzen und vier Federkissen. Franz und ich schafften alles in die Zelte, während Papa Mama wegen der einzementierten Heringe zu beruhigen versuchte.

Als es dunkler und immer kälter wurde, verkrochen wir uns in die Zelte. Franz und ich nahmen unsere Taschenlampe und ein paar Comics mit. Wir schlüpften in dicken Socken, dicken Jogginghosen und dicken Norwegerpullis in die Schlafsäcke, setzten uns unsere Mützen auf und schalteten unsere Taschenlampen ein. Nach ein paar Minuten kam Papa mit seinem unter den Arm geklemmten Schlafsack zu uns gekrochen. Er quetschte sich in die Mitte.

»Ganz schön eng zu dritt«, sagte ich.

»Eng ist gemütlich. Und außerdem braucht ihr keine Angst zu haben, wenn ich bei euch bin«, behauptete Papa.

»Wir haben keine Angst«, sagte Franz völlig zu Recht.

»Ihr braucht nicht die Tapferen zu spielen«, sagte Papa. »Ich verstehe, dass ihr etwas Angst habt. Ist ja auch ganz normal, wenn man so alleine mitten in der Stadt zeltet.«

»Wir haben keine Angst«, sagte ich und zog mein Kissen unter Papas Kopf weg.

Wir hatten wirklich keine Angst. Papa wollte einfach nicht alleine im Zelt liegen. Mama war nämlich arbeiten. Sie stand mit Sicherheit schon in »ihrem« Fachgeschäft für Heftklammern und Olivenöle hinter dem Tresen und hoffte auf ein paar Cent Umsatz.

»Hast du Schiss?«, fragte Franz Papa.

Der spielte den Empörten. »Waaas?« Er lachte künstlich. »Habt ihr mich jemals ängstlich gesehen?«

»Na klar. Erst gestern Mittag, als die Spinne auf der Werkbank saß!«, sagte Franz.

»Oder als du dir eingebildet hattest, auf dem Dachboden sei ein Gespenst«, sagte ich.

»Das habe ich mir nicht eingebildet«, sagte Papa. »Ich weiß, was ich gesehen habe.«

»Du hast Angst vor Oma«, sagte Franz.

»Das nennt man Respekt. Nicht Angst«, behauptete Papa.

»Oder als du ...«

»Ist gut jetzt!«, unterbrach mich Papa beleidigt. »Ich habe keine Angst. Ihr habt Angst.«

Wir schalteten unsere Taschenlampen aus.

»Also, wenn ihr eine Taschenlampe anlassen wollt, damit es nicht so gruselig ist, dann könnt ihr das gerne machen«, fing Papa wieder an.

»Nö, das geht schon«, sagte ich

»Ihr braucht jetzt nicht die Helden zu spielen, macht ruhig ein wenig Licht.«

»Ist nicht nötig. Wir haben keine Angst im Dunkeln«, sagte Franz.

»Seid ihr euch sicher?«, fragte Papa.

»Klar«, antworteten wir zeitgleich.

»Na dann«, sagte Papa.

Wir schwiegen. Ich drehte mich zur Seite und versuchte einzuschlafen, was Franz wie üblich in wenigen Sekunden gelang. Er schnorchelte leise vor sich hin. Die Geräusche der Nacht sind schon merkwürdig. Man hört leise Schritte. Vielleicht von einer dicken Katze. Man hört Geflatter in den Bäumen. Weit entfernte Autos und Sirenen. Wind, der am Zelt zerrt, und man hört meinen Vater.

»Was war das?«, schrie er auf.

»Was war was?«, fragte ich.

»Weiß ich nicht. Es klang wie Schritte«, flüsterte er mir zu.

»Hab nichts gehört. Schlaf einfach«, sagte ich.

»Wenn du etwas Licht haben möchtest. Ich könnte das verstehen«, sagte mein Vater mit zittriger Stimme.

»Schlaf«, sagte ich und versuchte es selber. Was mir schwerfiel, weil Papa die ganze Zeit rumhampelte.

»Da. Da war es wieder. Hast du es gehört?«, fragte er.

»Da ist nichts. Wirklich nichts«, sagte ich. Mittlerweile ging mir Papa etwas auf den Keks.

»Und wenn doch?«

»Schlaf!«

»Vielleicht solltest du doch mal kurz die Taschenlampe … Ich hätte dafür Verständnis.«

»Nicht nötig. Ich …«

Papa unterbrach mich schroff: »Mach jetzt einfach die verdammte Lampe an!«

Ich tastete meinen Schlafsack nach der Taschenlampe ab und schaltete sie ein.

»Besser?«, fragte ich.

Papa sah sich hektisch um, dann atmete er erleichtert durch. »Ich dachte, hier wäre jemand drin. Lass
die Lampe an, okay?«

Wir hatten Franz geweckt. Er rieb sich den Schlaf
aus den Augen und glotzte zu uns rüber.

»Was'n los? Wieso ist Licht an?«

»Eduard hat es mit der Angst bekommen«, log
Papa.

Ich verdrehte nur die Augen.

»Ah, so«, sagte Franz.

»Entschuldige«, sagte Papa.

»Schon gut.«

Papa verschränkte die Arme hinter seinem Kopf,
als wolle er sich in der Sonne aalen.

»Ich versteh das nicht«, jammerte er. »Beim Testlauf hat das Feuerwerk einwandfrei funktioniert.«

»Mach dir nichts draus. Fehlschläge gehören dazu.
Hast du selber gesagt. Kein Erfinder geht pannenfrei
durchs Leben«, versuchte Franz Papa ein bisschen
aufzubauen.

»Aber dieser wahnsinnige Rauch. Den kapiere ich
nicht. Man konnte ja kaum was sehen«, sagte Papa.

»Und wie schnell der sich ausgebreitet hat. Wahn-sinn«, sagte Franz, und mir kam eine Idee. Eine groß-artige sogar. War Papas versehentlich entwickelte Rauchbombe die Lösung meiner Probleme? Ich war mir sicher, wenn so ein Ding in der Lagerhalle hoch-gehen würde, wären Überwachungskameras nutz-los. Keine Kamera der Welt kann durch so dichten Rauch gucken. Ich könnte im Qualm unbeobachtet bis zum Diamanten und wieder zurück schleichen. Ich würde eine Gasmaske brauchen. Aber das war kein Problem. Schließlich gab es Gasmasken in jedem Baumarkt. Und die vierhundert Euro von Schöne-mann hatte ich auch noch nicht ausgegeben. Ich könnte morgen früh in den Baumarkt fahren und alles, was ich benötigte, einkaufen. Ich musste nur noch wissen, ob Papa mehr als diese eine Rauch-bombe gebastelt hatte.

»Sag mal, Papa, hast du noch mehr von den Rauch-bomben? Ich meine vom Tischfeuerwerk?«

»Eines ist noch da. Warum fragst du? Du bist doch jetzt ehrlich und interessierst dich nicht für unsere Arbeit.« Papa sah mich enttäuscht an.

»Wer sagt denn so etwas?«, protestierte ich Heuch-ler. »Ich bin ein Fan eurer Arbeit! Schon immer gewe-sen!«

»Der Arbeit der Superagenten I und Ä«, sagte Franz stolz und klatschte sich mit Papa ab.

Eine Rauchbombe war also noch da. Das war eine gute Nachricht. Eine sehr gute sogar. Ich grinste. Fehlalarm im falschen Gebäude als Ablenkung, eine Rauchbombe, um die Kameras auszuschalten, und dabei durch eine winzige Öffnung flutschen, um einen der wertvollsten Diamanten der Welt zu klauen. War ich vielleicht doch ein Meisterdieb?

Zwei Agenten, ein Fahrrad und
ein Hund mit Blähungen

Als ich am nächsten Morgen aufwachte, waren Papa und Franz schon ausgeflogen. Auch von Mama fehlte jede Spur. Ich wusch mir das Gesicht und putzte mir die Zähne am Gartenschlauch.

Mit Schönemanns vierhundert Euro in der Hosentasche machte ich mich zu Fuß auf den Weg in den Baumarkt. Ich brauchte über eine Stunde, bis ich endlich da war. Ich fluchte jetzt schon, weil ich daran dachte, nachher mit ordentlich Gepäck zurücklatschen zu müssen.

Im Baumarkt kannte ich mich gut aus. Ich war schon oft mit Agent Ä und Agent I hier gewesen, wenn sie mal wieder Teile für ihre aberwitzigen Erfindungen brauchten. Zielgenau steuerte ich meinen dicken Einkaufswagen durch die Gänge und packte alles ein, was ich für sinnvoll hielt. Einen Blaumann. Ein Stemmeisen. Einen Bolzenschneider, mit dem ich hoffte, das Schloss am Käfig knacken zu können.

Ein Paar Handschuhe in Schwarz. Eine Profi-Ta-schenlampe und eine Gasmaske, um mich vor Papas Rauchbombe zu schützen. Vor der Kasse schnappte ich mir noch einen Rucksack, um darin alles zu ver-stauen. Ich nahm den teuersten, den ich kriegen konnte. Keine zwanzig Minuten später stand ich mit gepacktem Rucksack und zwanzig Cent Wechsel-geld wieder draußen. Ich faltete die Quittung und steckte sie zusammen mit dem Wechselgeld in die Hosentasche.

»Eduard?«

Ich drehte mich um. Franz und Papa standen mit prall gefüllten Tüten in den Händen direkt hinter mir. Die beiden konnte ich gerade so gut gebrauchen wie ein Erdbeben beim Mikadospielen.

»Was machst du denn hier?«, fragte Franz, während Papa die Umgebung des Baumarkts inspizierte. Er ignorierte mich.

»Einkaufen«, antwortete ich.

»Was denn?«, fragte Franz und schielte auf meinen Rucksack. Ich drehte mich zur Seite. »Nix Besonde-res. Nur Kram für meinen Job. Und ihr?«, fragte ich.

»Metallgelenke für …«, antwortete Franz.

Papa schüttelte den Kopf, und Franz hielt die Klappe.

»Ist ja auch egal«, sagte ich. »Seid ihr mit dem Auto da?« Ich hatte keine Lust auf einen kilometerlangen Fußmarsch.

»Nee, mit dem Rad«, sagte Franz, während Papa an mir vorbei Richtung Fahrradständer ging.

»Kann mich einer von euch auf dem Gepäckträger mitnehmen?«, fragte ich nach. Schließlich ist schlecht auf einem Gepäckträger gefahren immer noch besser, als gut zu Fuß gegangen.

»Geht nicht. Sind nur mit einem Fahrrad da«, antwortete Franz. »Meins hat einen Platten.«

»Ah. Ja dann … Kann man nix machen«, sagte ich.

»Ja. Das ist Pech«, sagte Franz.

»Kommst du?« Papa saß bereits auf dem Rad. Seine beiden Tüten hingen am Lenker.

»Ich muss dann mal …«, sagte Franz.

Er ging rüber zum Fahrradständer und setzte sich auf den Gepäckträger. Papa stieß sich vom Bordstein ab und fuhr los. Das Fahrrad schwankte, bis es genug Geschwindigkeit aufgenommen hatte. Sie fuhren ein Stück, dann hielten sie an. Papa blieb im Sattel. Er hielt sich an einer Laterne fest. Franz drehte sich zu mir um.

»Komm!«, schrie er. »Kannst auf der Stange mitfahren.«

Ich lief los und setzte mich vorsichtig seitlich auf die Stange.

»Danke euch.«

Papa sagte nichts. Er stieß sich kräftig von der Laterne ab, und wir eierten unter Ohhh- und Uuuhhh- und Aufpassen!-Rufen los. Wie ein betrunkenes Schiff bei starkem Seegang trieben wir nach Hause. Papa stöhnte. Er trat kräftig in die Pedalen, damit wir nicht noch mehr rumtrudelten, als wir es ohnehin schon taten. Mittlerweile tat mir mein Hintern weh. Die Stange drückte ganz schön in meine Pobacken.

Zweimal hätte es uns fast aus der Kurve getragen. Dreimal wären wir fast umgekippt, und einmal hätten wir fast einen Bus gerammt. Jedes Mal konnten wir uns noch so eben auf dem Rad halten. Dann tauchte auf einmal der kleine Hund auf. Er kam aus einem Busch gerast und flitzte direkt vor uns über die Straße. Papa riss den Lenker rum, und wir schossen Richtung Bürgersteig.

»Aufpassen! Bordsteinkante!«, schrie Papa. Krachend hüpfte das überladene Fahrrad auf den Bürgersteig. Ich flog in die Luft und landete mit meinem Hintern unsanft wieder auf der Stange. Dann geriet ich ins Rutschen und versuchte mich festzuhalten. Ich packte den Lenker.

»Lass das!«, schrie Papa mit dieser hohen Mädchenstimme, die einem ewig in den Ohren klingelt. Zu spät. Ich riss den Lenker zu mir, und wir rasten den Bürgersteig wieder runter. Vor Schreck zog ich meine Hände zurück. Keine gute Idee, da Papa die ganze Zeit in die andere Richtung lenkte. Sofort drehten wir bei und schossen zum zweiten Mal die Bordsteinkante hoch. Wieder flog ich in die Luft und krachte auf meinen malträtierten Hintern.

»Aufpassen!«, schrie Franz, der als Erster das Mäuerchen vor uns entdeckte.

»Aaaaaaaaaaaaaaaaaaaaaaaaaahhhhh!«

Wir krachten dagegen. Das Fahrrad warf uns ab wie ein Pferd, und wir segelten in hohem Bogen über den Lenker und krachten kopfüber in einen dicken Schneehaufen.

Als wir uns freigebuddelt und den dreckigen Schnee ausgespuckt hatten, sahen wir uns an und mussten lachen wie seit Jahren nicht mehr. Ich wischte mir die Tränen aus den Augen, als Franz meinen geöffneten Rucksack entdeckte.

»Was ist denn das?«, fragte er.

»Ein Stemmeisen«, sagte ich.

»Du brauchst ein Stemmeisen?« Franz nahm es und wog das Stemmeisen in seiner Hand.

»Wow. Nicht schlecht. Wofür brauchst du es denn?«, fragte er.

»Kisten öffnen. Gib her.« Ich nahm ihm das Stemmeisen aus der Hand.

Franz schnappte sich meinen Rucksack und zog die Gasmaske heraus. Er hielt sie sich vors Gesicht. »Und die Gasmaske?«

Mir fiel nichts Gescheites ein, wofür ich eine Gasmaske gebrauchen könnte. Ich zögerte mit meiner Antwort. Das fiel auch Papa auf. Er wurde misstrauisch. Ich musste was sagen.

»Der Hund vom Chef hat Blähungen.«

»Echt?« Franz grinste.

Papa legte den Kopf schief. Ich wurde rot. Was für eine beknackte Lüge.

»Nein. Das ist für die … äh … Lackierer. Ja, genau. Die Lackierer!«, sagte ich stolz.

»Schönemann hat Lackierer?«, fragte Papa.

»Ja. Die reparieren die LKWs«, log ich ziemlich gut.

Franz legte die Gasmaske zurück. Er war mit meinen Antworten zufrieden. Papa schien ich jedoch nicht richtig überzeugt zu haben. Er musterte mich mit zusammengekniffenen Augen. Franz stand auf und begutachtete das Fahrrad.

»Oje«, sagte er nur. »Da haben wir aber ein schönes Ei im Vorderrad.«

Papa wandte den Blick von mir ab und kümmerte sich um sein Fahrrad. Er schob es ein bisschen. Das Vorderrad war total im Eimer.

»Tja, so können wir nicht weiterfahren«, sagte er.

Während Papa das Fahrrad schob, schlackerte es wie verrückt hin und her.

Franz machte den ganzen Heimweg lang unseren Sturz nach und wie wir angeblich durch die Gegend geflogen waren. Wie unsere Gesichter dabei aussahen, laut Franz total bescheuert, und wie wir letztlich kopfüber nebeneinander im Schneehaufen steckten wie die Orgelpfeifen.

»Und du so, Eduard. So ein Gesicht hast du gemacht. Hiiilllfeee!« Er zog eine groteske Fratze und spielte meinen Flug in Zeitlupe nach. »Und dann KRACH! Kopf im Schnee. Hiiilllbbffe!«

Wir beömmelten uns, bis wir Seitenstechen bekamen. Wir schubsten und verkackeierten uns. Es war einfach spitze.

Bis wir nach Hause kamen. Irgendwie erinnerte uns das Haus wieder daran, dass wir nicht nur heillos zerstritten waren, sondern auch ansonsten mit Problemen zu kämpfen hatten, die wir nie im Leben lösen konnten. Wir standen noch etwas unschlüssig an der Kellertreppe rum. Papa und Franz wollten runter in ihr Labor. Wieder Ä und I werden. Irgendwie wussten wir drei nicht, was dieser Nachmittag bedeutete. Waren wir immer noch verkracht?

»Wir müssen dann mal. Die Tüten auspacken«, sagte Papa.

»Ja. Klar. Ich muss auch mal ...«, sagte ich und zeigte zur Tür unseres Zimmers.

»Gut«, sagte Papa.

»Bis später«, sagte ich.

»Bis später«, sagte Franz.

Ich sah ihnen nach, bis sie im Keller verschwunden waren.

KAPITEL 14

Der schiefe Kartonturm von Pisa

Als ich in meinem Zimmer ankam, blinkte mein Handy wie ein Weihnachtsbaum. Ich hatte zwanzig Nachrichten von Schönemann bekommen. Er war fertig mit den Nerven. Die Zeit drängte. Morgen sollte der Diamant bei ihm ankommen. Und schon für den Tag darauf war die Präsentation im Auktionshaus angekündigt. Ich musste also morgen Nacht zuschlagen. Und dafür brauchte ich Papas Rauchbombe. Die befand sich mit Sicherheit in Äs und Is Keller-Labor. Und darin herrschte das blanke Chaos. Aufräumen und Ordnung halten waren nicht gerade ihre Stärke.

Äs und Is Labor bestand aus zwei Räumen. Ein großer, der als Werkstatt diente und in dem die Agenten an ihren Erfindungen arbeiteten, und ein etwas kleinerer, der ihnen als Lager diente. In dem stapelten sich ihre ganzen misslungenen Erfindungen. Und genau dort vermutete ich die Rauchbombe. Als ich den kleinen Flur erreichte, hörte ich die beiden Agenten, wie sie sich in ihrer Werkstatt stritten.

»Ich habe festhalten gesagt!«, fluchte mein Vater.

»Hab ich doch!«

»Hast du gar nicht.«

»Hab ich doch.«

»Hast du nicht!«

Ich nutzte die Schreierei aus, schlüpfte zum Schrottplatz für nutzloses Agentenspielzeug und machte meine Taschenlampe an. Das normale Licht einschalten ging nicht. Es gab eine Tür, die beide Räume miteinander verband. Und über der Tür, wo normalerweise eine Wand ist, reichte eine Glasscheibe bis zur Decke. Die alte Holztür hatten wir von beiden Seiten zugestellt. Auf meiner Seite stapelten sich Kartons und Kisten in die Höhe, und auf der anderen Seite wurde sie von Papas alter Werkbank blockiert. Ein schweres Monstrum aus Metall, das schon mehr Unfälle gesehen hatte als die Autobahnpolizei. Ich leuchtete durch den gruseligen Raum.

Unter zwei riesigen Haken an den Wänden, an denen Kabelrollen und Schläuche hingen, stand Papas bislang kostspieligster Misserfolg. Ein hüfthoher, sauteurer Spielzeug-Roboter aus Japan, der von Agent Ä und I zu einem Taschendieb-Roboter umgebaut worden war, der Leuten ihre Geldbeutel klauen konnte. In der Theorie zumindest. In der Praxis hatte er Papa

direkt beim ersten Testlauf so schnell und sauber
k. o. gehauen, dass wir seine Ohnmacht sofort aus-
nutzten und einstimmig beschlossen, dem Roboter
für alle Zeiten den Stecker zu ziehen, bevor er noch
die ganze Familie verprügelte.

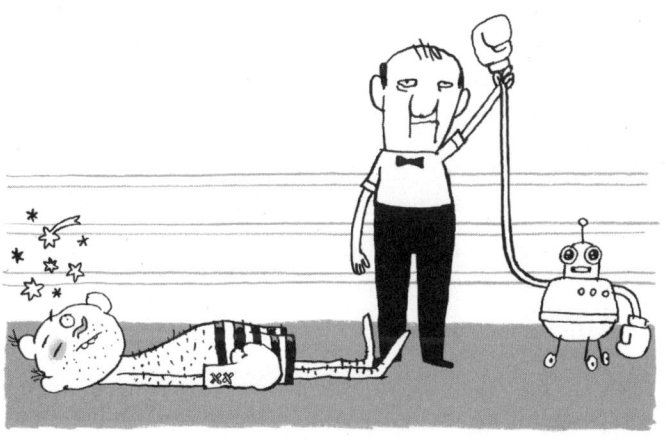

Nebenan hörte ich die Agenten Ä und I rumhämmern
und sägen. Vor mir standen drei Reihen von fahrba-
ren Kleiderständern. An denen hingen, sortiert nach
Größen, diverse Kostüme und Verkleidungen. Die
Regale an den Wänden waren mit Perücken, falschen
Nasen und Bärten vollgestopft. In Kartons und in Kisten hatten die beiden diverse Apparaturen eingela-
gert und übereinandergestapelt. Vorsichtig tastete

ich mich an den schwankenden Türmen vorbei. Ich durchkämmte alle Regalfächer und durchwühlte alle Schränke. Aber die Rauchbombe blieb unauffindbar. Ich sah mich um. Omas Geburtstagsüberraschung musste in einer Kiste oder einem Karton stecken. Ich schnappte mir einen Stuhl, stieg hinauf und hob einen Umzugskarton vom ersten der vielen Türme. Der schwankte bedenklich, kippte aber nicht. Ich stellte den Karton vorsichtig auf den Boden und öffnete ihn. Als Erstes entdeckte ich das geschmolzene Bügeleisen, das die beiden aufgemotzt hatten, um damit ein Loch in einen Tresor zu schmelzen. Unter dem Bügeleisen fand ich die Spiderman-Stiefel, die mich fast zur Halbwaise und zum Einzelkind gemacht hätten. Im Grunde waren die Spiderman-Stiefel nur ganz normale gelbe Gummistiefel, auf deren Sohlen die beiden Sauggummis von Klopömpeln geklebt hatten. Mit denen wollten sie Wände hochlatschen und an der Decke rumhängen wie Spiderman. Was natürlich überhaupt nicht funktionierte und einen Einsatz des Notarztwagens zur Folge hatte. Der stand bei uns genauso oft vor der Tür wie der Briefträger.

»Vielleicht sollten Sie Ihre Werkstatt gleich ins Krankenhaus verlegen. Das spart uns allen Zeit«, schlug der Notarzt damals vor.

Neben den Spiderman-Stiefeln lag die schwach-sinnigste Erfindung aller Zeiten. Die Dunkellampe. Die Dunkellampe war eigentlich eine ganz normale Nachttischlampe mit Schirmchen, in der die beiden Genies eine schwarz angemalte Glühbirne geschraubt hatten. Die sollte eingeschaltet jeden hell erleuchteten Raum sofort in tiefe Finsternis tauchen. Äs und Is Logik lautete: Wenn eine weiße Lampe in weißem Licht erstrahlt, müsste eine schwarze Lampe schwarzes Licht erzeugen und so jeden hellen Raum in eine Dunkelkammer verwandeln.

Ansonsten war die Kiste leer. Gerade als ich wieder auf den Stuhl gestiegen war und die nächste Kiste in Händen hielt, klingelte das Telefon. Das Hämmern und Sägen endete abrupt. Ich verharrte auf der Stelle. Vorsichtig setzte ich die Kiste ab. Direkt vor mir war die Tür, durch die ich super ins Labor lauschen konnte. Ich musste vorsichtig sein, damit die beiden Agenten mich nicht hörten.

»Gehst du nicht ran?«, fragte mein Bruder.

»Nee, lass Mama drangehen«, antwortete mein Vater.

Die war aber scheinbar nicht da oder hatte anderes im Sinn. Das Telefon klingelte weiter. Papa wurde es zu bunt. Er ging ran.

»Ä hier! Äh, Entschuldigung, Käsebier hier«, sagte er.

»Wer ist dran?«, fragte I, bekam aber keine Antwort.

Mein Vater telefonierte weiter.

»Hm. Hm. Natürlich. Klar. Das verstehe ich. Niemals würde ich … Aber sicher. Du kennst mich doch«, hörte ich ihn sagen. Er klang nervös.

»Hör mal, Franz«, sprach er meinen Bruder an. »Das dauert hier noch was. Geh doch mal hoch und mach uns zwei schöne Tassen Kakao.«

»Okay«, sagte Franz unbekümmert.

Ich hörte ihn die Treppen hochrasen.

»Heißen Kakao!«, schrie ihm mein Vater noch nach, bevor er weiter mit dem Anrufer sprach.

»Das war mein Sohn. Ich hab ihn weggeschickt. Ich höre«, sagte er und schwieg. Offensichtlich wurde Papa vom Anrufer vollgelabert. Er kam gar nicht zu Wort. Immer wieder setzte er zu einem kläglichen Protest an. Sagte »Aber …« oder »Das kann ich nicht tun« oder »Ich weiß nicht, ob …« und so weiter. Meine Gedanken rasten: Mit wem sprach er? Da Oma ihn nicht anrief, konnte es eigentlich nur der Pate sein.

»Ich kann die Schulden bald zurückzahlen. Wirklich. Ich habe hier ein Riesending am Start. Wirklich.

Gib mir nur noch eine Woche Zeit, dann bekommst du dein Geld zurück. Ich schwöre es. Es ist mir klar, was passiert, wenn nicht.«

Ich war mir sicher, am anderen Ende der Leitung saß der Pate und erpresste meinen Vater.

Der fuhr fort. »Ich werde den Diamanten klauen! Genau den. Richtig. Aus dem Auktionshaus. Ich habe sogar einen Plan«, sagte Papa ziemlich laut und wenig überzeugend.

Ich weiß nicht, ob auch dem Paten das leichte Zittern seiner Stimme auffiel. Den Diamanten? Hatte er es immer noch nicht kapiert, dass er das niemals hinkriegen wird? Große Beute ist für große Verbrecher. Nicht für uns. Ich begann zu zittern. Jetzt hing noch mehr davon ab, dass morgen Nacht alles glattlief. Würde ich morgen Nacht scheitern, würde es mein Vater tags darauf ebenso. Ich musste die verdammte Rauchbombe finden. Ich hob den Karton über meinen Kopf, um ihn zurück auf den Stapel zu stellen. Und da passierte es. Ich verlor das Gleichgewicht und kippte nach hinten. Während ich versuchte vom Stuhl zu steigen, trat ich gegen die Rückenlehne. Ich Idiot hatte den Stuhl falsch herum vor den schiefen Kartonturm von Pisa gestellt. Jeder Einbrecher, der nach Kostbarkeiten auf Schränken sucht, weiß, dass

die Lehne nach vorne gehört, damit man sicher ab-
steigen kann. Der Stuhl wankte, und ich verlor endgültig die Balance. Ich ließ den Karton fallen, ruderte
mit den Armen, versuchte mich am Kartonturm festzuhalten und riss ihn um. Ich flog in die Garderoben-
ständer und sah nur noch, wie die Kartons und Kisten
auf mich niedersausten.

Ich kann deinen Popo sehen

Als ich aufwachte, lag ich im Krankenhaus. Mein Kopf brummte wie ein Trecker. Vorsichtig blinzelnd versuchte ich mich an das grelle Licht zu gewöhnen und mich umzusehen. Ich lag in einem beige gehaltenen Zweibettzimmer. Auch das andere Bett war belegt. Allerdings fehlte der Patient. Was keine gute Idee war. Mein Bruder hatte ihm bereits den Pudding zum Abendbrot geklaut. Er saß neben meinem Bett auf einem Stuhl und verputzte genüsslich einen Becher Götterspeise. Währenddessen durchsuchte Oma das Badezimmer und packte sich ihre Handtasche mit Krankenhaushandtüchern und Seife voll. Vor der Zimmertür standen Papa und Mama und sprachen mit einem Arzt. Mama klang besorgt. Immer wieder knetete sie ihre Hände.

»Er ist wach!«, rief Franz.

Papa und Mama lächelten, als sie zu mir ans Bett kamen. Auch Oma schien froh, dass ich wieder bei Sinnen war. Sie winkte mir freundlich aus dem Bad zu, während sie den Kulturbeutel meines Zimmergenossen durchwühlte.

Mama setzte sich zu mir ans Bett. Sie streichelte mir vorsichtig eine Haarsträhne aus dem Gesicht und fragte: »Wie geht es dir, mein Schatz?«

»Ganz gut«, sagte ich. »Mein Kopf brummt nur etwas.«

»Kein Wunder«, sagte der Arzt, der hinter meinen Eltern ins Zimmer gekommen war. »Du hast eine ganz schöne Gehirnerschütterung.«

Ich tastete meinen Kopf ab und war enttäuscht. Ich hatte erwartet, dass man mir meine Birne wenigstens ordentlich eingewickelt hätte. So wie bei einem Sultan oder einer Mumie. Stattdessen erfühlte ich nur eine mordsmäßige Beule auf meinem Hinterkopf.

»Wie lange muss er denn hierbleiben?«, fragte meine Mutter.

»Ein paar Tage sicher«, sagte der Arzt. »Zur Beobachtung. Mit einer Gehirnerschütterung sollte man nicht spaßen.«

Papa nickte wissend.

Ein paar Tage im Bett rumliegen, etwas lesen und ein paar Hörspiele hören, klang gar nicht mal so übel. Dann holte mich meine blöde Realität ein. Gehirnerschütterung hin, bleibender Dachschaden her. Ich musste hier wieder raus. Ich hatte einen Einbruch zu planen und durchzuführen. Und das zügig.

»Das geht nicht. Ich muss sofort raus. Ich fühle mich auch total super. Alles halb so wild«, ratterte ich los. Ich wälzte mich auf die Seite, warf die Decke beiseite und stand auf.

»Ich kann deinen Popo sehen«, rief Franz und lachte sich scheckig.

Ich sah an mir herunter. Ich trug ein dünnes weißes Hemdchen, das hinten am Rücken freie Sicht auf meinen Hintern ließ. Ich wollte gerade etwas sagen, von wegen, mein Hintern sieht besser aus als dein Gesicht, da begann es in meinem Kopf zu hämmern. Mir wurde schwarz vor Augen. Stöhnend sackte ich zurück aufs Bett.

»Na, na«, hörte ich den Arzt sagen. »Ganz ruhig. Du brauchst jetzt viel Ruhe und Schlaf.« Er fühlte meinen Puls.

»Sollen wir besser gehen?«, fragte Papa.

»Ich denke schon. Das Beste für ihn ist, wenn er sich jetzt schont und etwas schläft«, erklärte der Arzt. Er zwinkerte mir freundlich zu. »Und in ein paar Tagen, bis du wieder ganz der Alte.«

»Hoffentlich nicht!«, rief mein Bruder und lachte wieder.

Ich legte mich vorsichtig zurück ins Bett. Mama deckte mich zu. Sie zog mir die Decke bis zum Kinn. So wie ich es am liebsten hatte. Und ich fand, dass es sicherlich nicht schaden könnte, für ein Weilchen die Augen wieder zu schließen. Nur für einen kurzen Moment, bis ich wieder bei Kräften war. Nur ein paar Minütchen.

KAPITEL 16

Alte Bekannte

Als ich aufwachte, war es fünf Uhr nachts. Das Zimmer war dunkel. Nur aus einer kleinen Lampe über der Tür suppte etwas grünes Licht ins Zimmer. Aber mehr als Umrisse konnte ich nicht erkennen. Mittlerweile war auch mein Zimmergenosse da. Ich sah ihn nicht, hörte ihn aber in seinem Bett rumwühlen. Ich musste hier raus. Die Rauchbombe finden, meine Sachen für den Einbruch packen und mich auf zur Spedition machen. Dort müsste ich mich dann den ganzen Tag irgendwo verstecken. Zu Hause konnte ich nicht bleiben. Meine Eltern würden mich sofort wieder ins Krankenhaus bringen.

Vorsichtig richtete ich mich auf und verharrte, bis die Kopfschmerzen wieder abklangen. Jedes Mal, wenn ich mich schnell bewegte, begann es in meinem Kopf zu hämmern. Dann schwang ich meine Beine aus dem Bett und wartete. Langsam schob ich die Decke beiseite und stand auf. Der Schmerz peitschte hoch. Es fühlte sich an, als würde mir jemand einen

Nagel in den Hinterkopf hämmern. Ich atmete hektisch ein und aus. Viel zu hektisch. Ich begann zu schwanken, versuchte mich am Bett festzuhalten, erwischte aber nur die Decke und kippte nach vorne. Ich stützte mich am Beistelltisch ab und dachte nur: »Ach, du Scheiße. Das Ding hat Rollen.«

Der Beistelltisch nahm Fahrt auf. Er krachte gegen die Wand, und ich fiel um wie ein prall gefüllter Sack Kartoffeln mit nacktem Hintern. Der Schmerz ließ mich aufjaulen. Das Licht ging an, und ich sah, wie mein Bettnachbar seine Brille vom Nachttisch nahm und mich staunend anglotzte. Der Typ war etwa fünfzig Jahre alt, vielleicht auch ein paar Jahre jünger. Er sah eigentlich ganz sympathisch aus. Irgendwie freundlich. Er hatte ein rundes Gesicht, hellbraune Haare und eine kleine Narbe unter der etwas knubbeligen Nase.

»Was ist denn mit dir passiert?«, fragte er und stand vorsichtig auf. Er schien am Bein verletzt zu sein. Als er über mir stand, reichte er mir seine Hand.

»Ich helfe dir auf«, sagte er.

Ich griff seine Hand, und er zog mich hoch. Als ich stand, legte er einen Arm um meine Hüfte, führte mich an die Bettkante, und ich setzte mich.

»Was ist passiert? Aus dem Bett gefallen?«, fragte er.

»Nee. Wollte aufs Klo«, sagte ich.

»Soll ich eine Schwester rufen?«

»Bloß nicht!«, antwortete ich etwas zu schnell und zu laut.

»Okay«, sagte er verdutzt. »Dann eben nicht.«

»Ich schaffe das schon alleine. Bin nur ausgerutscht. Aber vielen Dank«, sagte ich und grinste so entspannt wie möglich.

»Kein Ding«, sagte er. »Ich bin übrigens der Stefan.«

»Ich bin der Ralf«, log ich wie immer, wenn ich meinen Namen nennen musste. »Ralf Schmitt. Mit doppeltem T.«

Stefan nahm eine kleine Kladde in die Hand, die am Fußende meines Bettes in einem kleinen Fach steckte.

»Hier steht aber, dass du Eduard heißt. Eduard Käsebier.«

Während er mich breit angrinste, schoss mir das Blut in den Kopf.

»Da haben die sich vertan«, sagte ich.

Stefan steckte die Kladde wieder zurück.

»Glaube ich nicht. Ich kenne dich.« Er lächelte, während er das sagte. Was eine echte Weltpremiere war. Normalerweise sahen mich die Leute böse an und griffen zum Telefon, um die Polizei zu rufen. Oder sie zogen ihre Kinder eilig zurück ins Haus, wenn sie mich entdeckten. Lächelnd wurde ich wirklich noch nie erkannt.

»Und woher?«, fragte ich vorsichtig.

»Ich bin Polizist«, sagte Stefan. Er lächelte weiter.

Mir war das Lächeln schlagartig vergangen. Ich konnte nur noch »Ach« und den Käsebier-Standardsatz sagen, wenn man einem Polizisten gegenüber steht: »Ich war das nicht. Ich habe ein Alibi.«

Stefan lachte, und ich hatte keine Ahnung, was das zu bedeuten hatte. War er verrückt? Polizisten und die Käsebiers waren normalerweise nicht gerade dicke Kumpels, die sich gegenseitig zum Grillen einluden oder gemeinsam Geburtstage feierten.

Ganz im Gegenteil. Wir waren seit Jahrhunderten erbitterte Feinde. Da gab es nichts zu lachen. War er vielleicht mit einem Kopfschuss eingeliefert worden?

»Wollen wir dann mal?«, fragte Stefan freundlich.

»Was?«, fragte ich.

»Aufs Klo«, sagte er und bot mir seinen Arm an, als wollte er mich aufs Tanzparkett führen.

Ich musste gar nicht auf die Toilette. Aber mitspielen musste ich. Ich hakte mich bei ihm unter, und gemeinsam schlurften wir im Schneckentempo ins Bad. Stefan humpelte etwas und verzog nahezu unmerklich seinen Mund, sobald er mit dem rechten Bein auftrat.

»Was hast du denn am Bein? Eine Schussverletzung?«, fragte ich.

»Nee. Leistenbruch. Hab versucht, einen Kasten Wasser anzuheben«, lautete die traurige Antwort.

Die echten Polizisten haben wirklich nichts mit den coolen Bullen aus dem Fernsehen gemein. Die sind ganz anders. Denen im Fernsehen machen ja selbst ein paar Kugeln im Brustkorb nichts aus. Die putzen sich den Mund ab und jagen den Verbrecher solange weiter, bis sie ihn hinter Schloss und Riegel wissen. Und die echten Polizisten? Die können einer

Oma nicht mal einen Kasten Wasser ins Haus tragen, ohne im Krankenhaus zu landen.

»Bist du jetzt enttäuscht?«, fragte Stefan.

»Worüber?«, fragte ich.

»Dass ich keine coolere Verletzung habe.«

»Ein bisschen«, sagte ich.

Schließlich erreichten wir das Klo.

»Soll ich mit rein?«, fragte er.

»Nee, passt schon«, sagte ich.

»Sicher?«

»Ja. Ich kann mich am Waschbecken entlanghangeln.«

Ich schloss die Tür und setzte mich aufs Klo. Nach etwa einer Minute betätigte ich die Spülung und mühte mich wieder auf meine Beine.

Vor der Tür warteten Stefan und eine Krankenschwester. Mein Zimmergenosse wollte wohl auf Nummer sicher gehen. Gemeinsam brachten sie mich zurück ins Bett. Die Krankenschwester fühlte noch meinen Puls, leuchtete mir mit einer kleinen Lampe in den Augen rum und fühlte meine Stirn, ob ich Fieber hatte. Dann ging sie mit den Worten: »Ich schaue alle paar Minuten mal nach, wie es dir geht.«

Womit mein Ausbruchsversuch beendet war, bevor er richtig begonnen hatte. Ich musste bis zum Schichtwechsel der Krankenschwester warten. Und der war sicherlich erst am nächsten Morgen.

KAPITEL 17

Viel zu viele Dackel

»GUTEN MORGÄÄÄN!«

Ich wurde aus dem Schlaf gebrüllt. Das grelle Licht der Neonröhren an der Decke gab mir den Rest. Eine kugelrunde Schwester, die ganz offensichtlich ein, zwei Tassen Kaffee zu viel gefrühstückt hatte, stürmte unser Zimmer in einem Tempo, als wäre sie auf der Flucht vor Zombies. In jeder Hand ein Tablett mit Frühstück, knallte sie mit ihrem Hintern die Tür hinter sich zu. Scheppernd warf sie die Tabletts auf unsere Nachttische, machte kehrt und verschwand wieder.

»Guten Morgään!«, hörten wir sie die Patienten im Nachbarzimmer zusammenbrüllen.

Wenigstens litten wir nicht alleine.

Dann stürmte die Putzkolonne unser Zimmer. Staubsauger dröhnten und schepperten gegen Tische, Stühle und Betten. Um das mal festzuhalten: Früh morgens gibt es keine lauteren Orte auf der Welt als Krankenhäuser. Wahrscheinlich machen die das, damit man möglichst lange krank bleibt. Damit es einem Krankenhaus gutgeht, muss es den Patienten schlechtgehen. Und wer nie zum Pennen kommt, dem geht es schlecht.

Stefan setzte erst sich und dann seine Brille auf. Er gähnte.

»Und, gut geschlafen?«, fragte er, während er sich sein Brötchen aufschnitt.

»Ja, ganz gut«, sagte ich und inspizierte mein Frühstück. Es gab zwei Scheiben Graubrot, ein Brötchen, etwas Butter, Marmelade, Käse und Wurst. In einem kleinen Kännchen dampfte roter Tee vor sich hin. Ich nahm das Tablett und legte es mir auf den Bauch.

»Du kannst die Rückenlehne hochfahren«, sagte Stefan und zeigte mir ein kleines Kästchen, das wie eine Fernbedienung für den Fernseher aussah. Es war mit einem Kabel mit dem Bett verbunden und hatte drei Knöpfe. Ich suchte mein Bett nach dem Kästchen ab.

»Warte, ich helfe dir«, sagte Stefan, humpelte zu mir und fischte die Fernbedienung unter meinem Kopfkissen hervor. Er drückte auf einen Knopf, und das Rückenteil meines Bettes fuhr nach oben. Als ich nahezu senkrecht saß, stoppte Stefan und gab mir die Fernbedienung in die Hand.

»Da musst du draufdrücken, wenn du wieder liegen willst«, sagte er und zeigte auf den mittleren Knopf.

Ich bedankte mich.

»Keine Ursache«, sagte er und frühstückte weiter.

Waren alle Polizisten so nett? Laut meinem Vater nicht. Er war der Meinung, dass in jeder Berufsgruppe, in jedem Land, in jeder Stadt, in jedem Dorf, in jeder Familie der Anteil an Idioten und Fieslingen identisch ist. Er nannte das die allgemeine Deppendichte. Erst letztens schwadronierte er beim Abendessen darüber: »Es gibt überall nette Menschen, und es gibt überall Vollidioten. Ist ein Naturgesetz.«

»Also gibt es in jeder Familie einen Trottel, der nutzlose Kinkerlitzchen im Keller zusammenschraubt?«, fragte Oma, ohne von ihrer Suppe aufzuschauen. Woraufhin Papa sich in sein Labor zurückzog.

Stefan holte mich aus meinen Gedanken zurück.

»Die Marmelade ist lecker. Musst mal probieren«, sagte er und zeigte auf das kleine Marmeladenpäckchen.

»Der Tee ist aber fies«, sagte ich und setzte die Tasse wieder vorsichtig ab, um mir nicht den Bauch zu verbrühen.

»Hagebutte. Mag ich auch nicht«, sagte Stefan und nahm einen Schluck Kaffee aus seiner Tasse.

Als ich in mein Marmelade-Brötchen biss, fiel mir auf, dass ich seit Ewigkeiten nichts gegessen hatte. Ich stopfte das ganze Brötchen in meinen Mund und mampfte schmatzend. Die Marmelade war wirklich gut. Ich verschlang mein komplettes Frühstück in Rekordzeit.

»Wenn du noch Hunger hast, in deinem Schränkchen sind Plätzchen«, sagte Stefan.

Da ich tatsächlich noch richtig Hunger hatte, freute ich mich sehr über diesen Tipp.

Allerdings nur kurz. In dem kleinen Fach lag keine gekaufte Packung Plätzchen, sondern eine kleine Schüssel mit handtellergroßen Keksen, die mit einer Frischhaltefolie überzogen waren. Mein Hunger war schlagartig dahin. Die Kekse kannte ich nämlich nur zu gut. Leider. Die hatte Papa nach seinem Geheimrezept gebacken. Eine der geheimen Zutaten, um die Papa immer so ein Gedöns machte, war offensichtlich Zement. Wie sonst bekommt man Kekse so steinhart? Wer Wert auf ein vollständiges Gebiss legt, sollte um Papas Plätzchen einen großen Bogen machen.

Wenn sie denn wenigstens nach was schmecken würden, könnte man mit einer Bohrmaschine ein Loch reinbohren, einen Stiel reinstecken und sie wie einen Lolli lutschen. Da aber Zucker anscheinend keine Rolle in Papas Rezept spielte, war selbst das sinnlos. Im Grunde konnte man sie nur wie flache Steine über einen See titschen lassen. Ich schloss die Klappe meines Nachttischs wieder.

»Willst du zuerst ins Bad?«, fragte Stefan.

»Ja. Will ich«, antwortete ich.

Wenn ich zuerst ins Bad ging, könnte ich später, wenn Stefan sich duschte, einfacher abhauen. Ich stand auf. Wieder begann es in meinem malträtierten Schädel zu pochen. Allerdings bei weitem nicht mehr so stark wie noch vor ein paar Stunden. Es ging bergauf.

Im Bad bemerkte ich, dass meine Familie mir zwar ungenießbare Kekse mitgebracht hatte, aber weder Zahnbürste noch Duschgel. Mir blieb nichts anderes übrig, als mich bei Stefans Sachen zu bedienen. Ich verzichtete darauf, unter die Dusche zu hüpfen und wusch mich am Waschbecken. Dann putzte ich mir die Zähne, indem ich etwas von Stefans Zahnpasta auf meinen Zeigefinger drückte und damit über meine Zähne rubbelte. Besser als nichts. Ich spülte aus und marschierte wieder zurück ins Zimmer.

»Fertig?«, fragte Stefan.

»Ja, kannst rein. Ich habe mir übrigens etwas von

166

deiner Zahnpasta und Seife genommen«, sagte ich. »Ich hoffe, das war okay.«

»Klar. Kein Problem«, sagte Stefan und verschwand im Bad. Ich war gewaschen, hatte gefrühstückt, und Stefan stand unter der Dusche. Einen perfekteren Moment zum Abhauen gab es nicht. Ich schlich zu den Wandschränken, öffnete sie und fand: nichts. Meine Familie hatte nicht nur vergessen, meinen Kulturbeutel zu packen, sie hatten mir auch nichts zum Anziehen mitgebracht. Was nun? Ich konnte unmöglich in diesem albernen Hemdchen aus der Klinik abhauen. Keinesfalls wollte ich mit nacktem Hintern einmal durch die verschneite Stadt düsen. Das wäre peinlich und bei den frostigen Temperaturen auch lebensgefährlich. Ich musste unbedingt meine Familie anrufen. Leise durchwühlte ich Stefans Sachen. Sein Handy steckte in seiner Lederjacke, die über einem Kleiderständer am Ende des Zimmers hing. Es war ein topmodernes Smartphone, das alles konnte. Unter anderem, Typen wie mir den Spaß verderben. Es war passwortgeschützt.

Verfluchte Kacke. Ich hackte wild wahllos Zahlen in das Handy und hoffte, so zufällig das Passwort zu knacken.

»Eins, zwei, eins, null«, hörte ich Stefan sagen. Er

stand nur mit zwei Handtüchern bekleidet – eines trug er auf seinem Kopf, und eines hatte er um seine Hüften geschlungen – direkt hinter mir. Ich erstarrte. Stefan nahm mir sein Smartphone aus der Hand.

»Das ist das Passwort. Beziehungsweise die Passzahl«, sagte er und tippte die Zahlen ein. Das Handy leuchtete auf. Es war bereit.

»Hier, bitte«, sagte er und gab es mir zurück.

Stefan ging, seine Haare trockenrubbelnd, zurück ins Bad. »Aber keine Auslandsgespräche bitte.«

Ich war so perplex, dass ich glatt vergaß, mich zu bedanken.

Erst nachdem es zehnmal geklingelt hatte, nahm endlich Franz den Hörer ab.

»Ja? Wer ist da?«, fragte er.

»Ich bins, Eduard«, sagte ich.

»Ich habe wenig Zeit. Also, was willst du?«, fragte Franz.

Er klang tatsächlich etwas gehetzt.

»Ich brauche etwas zum Anziehen.«

»Wieso?«, fragte Franz.

»Weil ich ein Hemd trage, bei dem mir der Po hinten raushängt!«

Ich hörte wie Franz gackerte.

»Dann lauf halt nicht rum. Bleib im Bett liegen. Dann sieht keiner deinen Po.«

»Und wenn ich ins Bad muss?«, fragte ich reichlich angesäuert, was Franz entweder nicht bemerkte oder was ihm egal war.

»Lass dir einen Nachttopf geben. Dann kannst du im Bett aufs Klo gehen«, schlug er vor.

»Hast du sie nicht mehr alle?«, fragte ich.

Franz amüsierte sich königlich. Es dauerte, bis er sich wieder eingekriegt hatte und verständlich reden konnte.

»Pass mal auf, ich muss jetzt wieder ins Labor und Papa helfen. Es ist echt super eilig. Wir haben da ein Riesending laufen.«

»Der Diamant?«, fragte ich.

»Kann ich nicht sagen«, antwortete Franz.

»Franz, ich bitte dich. Lasst die Finger davon. Das ist zu gefährlich«, flehte ich meinen Bruder an.

»Ich muss jetzt auflegen. Machs gut«, sagte er und legte auf.

Sofort wählte ich die Wahlwiederholung. Es klingelte und klingelte. Ich lief im Zimmer auf und ab. Aber niemand ging ans Telefon. Ich hatte keine Zeit zu vertrödeln. Egal, ob ich nun etwas zum Anziehen hatte oder nicht. Ich musste sofort hier raus. Ich sah aus dem Fenster. Unser Zimmer befand sich im dritten Stock. Zu hoch, um einfach so hinauszuspringen. Besonders, wenn man an einer Gehirnerschütterung litt. Etwa vier Meter vom Fenstersims entfernt stand ein Baum. Einer der dicken Äste reichte bis auf ungefähr einen Meter an unser Fenster heran. Wenn ich nicht ausrutschte, müsste ich es schaffen, den Ast zu erreichen und mich an ihm festzuhalten. Neben dem Baum sah ich einen fast leeren Fahrradständer. Nur zwei Räder standen dort. Sie waren komplett eingeschneit. Ich öffnete das Fenster und sah noch mal zum Badezimmer rüber. Stefan föhnte sich gerade die Haare. Die Luft war rein. Gerade als ich auf die Fensterbank kletterte, wurde die Zimmertür geöffnet.

»Was machst du denn da?«, fragte mich eine fremde Stimme. Ich drehte mich um. In der Tür standen eine Krankenschwester und drei Ärzte. Vorneweg ein älterer mit weißen Haaren und Stethoskop um den Hals.

»Ich … äh … nur mal Luft schnappen«, stammelte ich und schloss das Fenster wieder.

Die Krankenschwester kam zu mir und führte mich zu meinem Bett. Ich legte mich hin, und sie deckte mich zu.

»Ah, die Visite! Endlich!« Stefan kam gutgelaunt und komplett angezogen aus dem Bad.

»Guten Morgen, Herr Schaaf«, grüßte ihn der alte Mann, der offensichtlich der Chefarzt war.

»Guten Morgen«, grüßte der Bulle, der Schaaf hieß.

»Wie ich hörte, wollen Sie uns heute verlassen?«, fragte der Chefarzt und blätterte in Stefans Unterlagen.

»Nicht wollen. Müssen«, sagte Stefan.

»Ist mir gar nicht recht, wenn ich ehrlich bin«, sagte der Chefarzt. »Ein paar Tage mehr Schonung wären schon besser.«

»Das geht leider nicht. Personalnotstand. Wegen der Diamantenversteigerung sind fast alle Kollegen im Einsatz«, sagte Stefan.

»Dann verzichten Sie wenigstens darauf, Verbrechern hinterherzujagen.«

Darauf sollten alle Polizisten verzichten, dachte ich.

Besonders die harten Kerle, die einen Kasten Wasser unfallfrei heben können.

Der Chefarzt wandte sich mir zu. »Wen haben wir denn hier?«, fragte er und blätterte in meiner Akte.

»Eduard Käsebier, 13 Jahre alt. Ist gestern Nachmittag mit einer leichten Gehirnerschütterung eingelie-

fert worden«, erklärte ein anderer Arzt, den ich bislang auch noch nie zu Gesicht bekommen hatte.

»Ach so. Ein kleiner Teufelskerl also«, stellte der
Chefarzt fest.

Dann setzte er sich auf mein Bett und begann,
mich zu untersuchen. Er fühlte meinen Puls, und
dann musste ich mit meinen Augen einem Stift fol-
gen, ohne den Kopf dabei zu bewegen.

»Ich muss auch nach Hause. Meine Familie braucht
mich. Ganz dringend«, sagte ich.

»Das ist leider ausgeschlossen«, sagte der Chefarzt.

»Aber ich muss wirklich unbedingt hier raus! Wirklich.«

172

»Ich verstehe, dass es dir hier nicht gut gefällt. Wer ist schon gerne im Krankenhaus? Aber du musst mindestens noch zwei Tage zur Beobachtung hier bleiben. Mit einer Gehirnerschütterung ist nicht zu spaßen. Und wir wollen doch kein überflüssiges Risiko eingehen, nicht wahr?«

Er tätschelte mein Bein und stand von meinem Bett auf. Dann verzog sich der ganze Tross nach draußen.

Währenddessen packte Stefan seine Siebensachen ein, indem er sie einfach in eine große Sporttasche stopfte.

»Hier, für dich.« Er warf sich seine Sporttasche über die Schulter und reichte mir eine kleine Tüte.

»Danke«, sagte ich und sah hinein. Es waren Süßigkeiten drin.

Bevor er verschwand, rief er mir noch »Gute Besserung!« zu. Dann war ich allein. Sofort marschierte ich wieder zum Fenster, öffnete es und kletterte auf die Fensterbank. Allerdings nur kurz. Die Zimmertür flog erneut auf, und ein Quietschgeräusch und ein schrecklich aufgekratztes »Hallihallohallöchen!« platzten ins Zimmer. Um ein Haar wäre ich vor Schreck aus dem Fenster gefallen. Ich konnte mich so eben noch am Rahmen festkrallen und zurück ins Zimmer steigen. Ich drehte mich zur Tür und gefror zu Eis. In der Tür stand das Schlimmste, das Allerschlimmste, was es für mich gab.

Ein Clown.

In der Tür stand ein gottverdammter Clown. Mit roter, leicht verrutschter Perücke, weiß und rot angemaltem Gesicht, einer roten Plastiknase und Klamotten, wie sie nur Farbenblinde tragen würden. Ich begann zu schwitzen. Panik breitete sich in mir aus. Ich weiß nicht genau warum, aber ich hatte schon immer eine Heidenangst vor Clowns. Oma behauptete, das läge daran, dass ich als kleines Kind mal Zeuge wurde, wie drei Clowns meinen Vater zusammengeschlagen hatten. Und zwar volles Rohr. Ich war vier Jahre alt und mit der ganzen Familie in einem Freizeitpark unterwegs. Papa versuchte, uns Süßigkeiten und Ballontiere zu mopsen. Was die Clowns so in Rage brachte, dass sie Papa nach allen Regeln der Kunst vermöbelten. Ich stand wohl die ganze Zeit schreiend neben meinem Vater, während die Clowns mit ihren Riesenlatschen auf ihm herumsprangen.

Der Clown kam auf mich zu. »Hallihallohallöchen!«, schrie er gutgelaunt in meine Richtung. Ich wich zurück und presste mich in die Ecke meines Zimmers. Der Clown kam immer näher. Er baute

sich vor mir auf, stemmte seine Hände in die Hüften und drückte auf seine schreckliche rote Nase, die mich an die von Onkel Horst erinnerte. Der war zwar kein Clown, hatte aber ein Alkoholproblem. Die Nase des Clowns trötete.

»Ich habe gehört, hier langweilt sich jemand und braucht etwas Clownmedizin«, flötete der Clown, als hätte er nicht alle Tassen im Schrank.

»Nein. Tue ich nicht. Alles gut. Ich muss ins Bett. Schlafen«, sagte ich und wedelte mit meinem Zeigefinger hektisch in die Richtung, in der ich mein Bett vermutete. Ich konnte es nicht sehen. Der Clown war nicht nur schrecklich, er war auch schrecklich dick.

»Weißt du kleiner Hosenmatz denn, was Clown-medizin überhaupt ist?«, fragte der Clown mit tiefer Stimme und kam mir mit seinem furchtbar bunt angemalten Gesicht so nahe, dass ich seinen Schweiß und die Leberwurst riechen konnte, die er heute weg-gefrühstückt hatte.

»Nein«, sagte ich. Meine Stimme zitterte mit mei-nen Knien um die Wette.

»Lachen! Denn Lachen ist die beste Medizin! Des-halb bin ich auch Dr. Clown. Fachmann für alles und jeden!«, johlte der Clown. Er legte seine Hände auf seinen dicken Bauch und tat so, als würde er ganz dolle lachen müssen. Dann warf er seinen Kopf nach hinten und lachte tatsächlich los. Er klang dabei wie ein Weihnachtsmann. Nur wahnsinniger.

Mir lief der Angstschweiß den Nacken runter. Ich begann zu hecheln wie ein Schlittenhund in der Wüste.

»Ballontier gefällig?«, fragte der Clown und holte, keine Antwort abwartend, einen dünnen, wurstigen Luftballon aus seiner Westentasche. Er zog daran rum und blies ihn auf. Dann knotete er daraus einen Dackel und warf ihn mir mit den Worten »Flughund im Lande-anflug!« zu. Langsam segelte der Dackel zu Boden.

»Hm. Magst keine Dackel, was?«, sagte der Clown,

zog einen weiteren Luftballon hervor und knotete wieder drauflos.

»Vielleicht magst du ja Giraffen«, sagte der Clown und überreichte mir ein weiteres Ballontier, das haargenau so aussah wie das zuvor. Ich drückte mich an ihm vorbei. Meine Beine zitterten wie Wackelpudding. Ich wankte zum Bett, legte mich rein und zog mir die Decke über den Kopf.

»Möchtest du vielleicht ein echtes Ritterschwert?«, fragte Dr. Clown.

»Nein. Bitte nicht. Geh weg«, jammerte ich.

Dackel   Ritterschwert   Giraffe

Ich hörte, wie der Clown ein weiteres Ballontier quietschend zusammenknotete. Ich wagte es nicht, mich zu rühren. Ich stellte mich einfach tot. So was soll man ja auch bei Wölfen machen oder anderen Raubtieren. Und scheinbar half diese Strategie auch bei Krankenhaus-Clowns. Als ich vorsichtig unter meiner Decke hervorlugte, war Dr. Clown verschwunden. Ein weiterer Dackel lag auf meinem Bett.

Nachdem ich mir im Bad ein Handtuch um die Hüften gewickelt hatte, um meinen nackten Hintern zu bedecken, schlich ich vorsichtig in den Flur hinaus. Omas und Opas schlurften, ihren Tropf hinter sich herziehend, ziellos umher. Krankenschwestern rasten von einem Zimmer in das nächste. Ein paar Raucher qualmten heimlich am Fenster der Sitzecke ihre Zigaretten. Schleichen und von Deckung zu Deckung spurten war völlig unmöglich und auch unnötig. Es herrschte so viel Betrieb und Hektik, dass niemand von mir Notiz nahm. Ich schlenderte lässig pfeifend über den Flur und sondierte die Lage. Ich brauchte etwas zum Anziehen. Ich versuchte ein Zimmer zu finden, dessen Patienten gerade ausgeflogen waren. Nur so konnte ich heimlich einen Mantel, eine Hose, ein Paar Schuhe und Socken mopsen. Beziehungsweise leihen. Ich hatte mir fest vorgenommen, die Klamotten so schnell wie möglich wieder zurückzugeben. Nachdem ich unseren Gang vergeblich durchkämmt hatte, lief ich die Treppen runter in den zweiten Stock und setzte meine Suche dort fort. Auch in der zweiten Etage lagen nahezu alle Patienten noch in ihren Betten. In einem schliefen zwei Frauen. Beide hatten schlohweiße Haare und waren uralt. Ich huschte in ihr Zimmer und sah mich um. Die Schränke der beiden waren voll. Sie lagen wohl schon länger im Krankenhaus oder hatten sich auf einen längeren Aufenthalt eingestellt. Über den Bügeln hingen Röcke und Bademäntel. In den Fächern stapelten sich sorgfältig zusammengelegt Unterhosen, Unterhemden und Socken. Ich fand aber keine Hosen oder Jacken. Ich schnappte mir ein Paar beige Socken. Wenigstens etwas. Bevor ich das Zimmer verließ, nahm ich mir einen Kugelschreiber, der auf einem angefangenen Kreuzworträtsel lag, und hinterließ eine Nachricht.

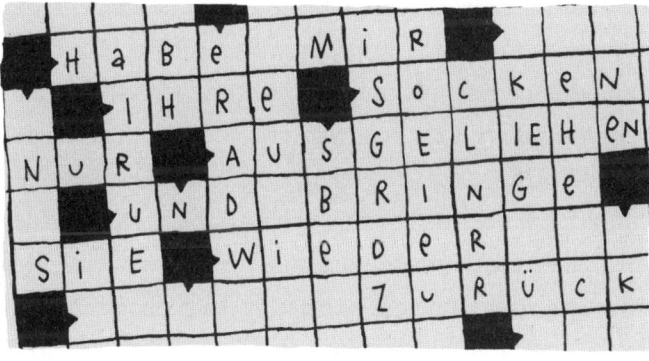

Immerhin hatte ich nun ein Paar Socken. Bevor man mich vermisste, kehrte ich in mein Zimmer zurück.

Dort wurde ich schon erwartet. Ein junger Pfleger stand neben meinem Bett. Er untersuchte mich und schrieb die Ergebnisse auf einen Zettel. Als er wieder weg war, wollte ich eigentlich meine Expedition durch die Krankenzimmer nach etwas Tragbarem fortsetzen. Es gelang mir nur nicht. Jedes Mal, wenn ich durch unseren Gang geisterte, erwischte mich der Pfleger und schickte mich zurück ins Zimmer. Angeblich weil ich ganz dringend Ruhe und Rumliegen brauchte. Erst nach dem Mittagessen gelang es mir, aus unserem Stockwerk zu entkommen und die anderen Etagen in Augenschein zu nehmen.

Nach über einer Stunde hatte ich das Krankenhaus einmal komplett ergebnislos durchwandert. Von der Babystation bis zur gruseligen Pathologie. Vom Anfang des Lebens bis zum Ende. Außer Socken besaß ich weiterhin nichts zum Anziehen. Als ich wieder in der dritten Etage ankam, stand das Zimmer des Pflegepersonals offen. Vor einer Küchenzeile, auf der eine Kaffeemaschine knötternd Wasser in einen Filter spuckte, stand ein großer runder Tisch mit fünf Stühlen. Große Kaffeepötte standen kreuz und quer auf dem Tisch. Und damit niemand aus Versehen gut gelaunt in den Tag startete, waren die Pötte mit Sprüchen bedruckt. »Ich hasse Montage und den Rest der

Woche!« oder »Der frühe Vogel kann mich mal am Arsch lecken« oder »Morgenstund hat Mundgeruch«. Erwachsene sind merkwürdige Wesen.

»Hallo?« Ich betrat das Zimmer. Wenn man mich erwischen sollte, könnte ich immer noch so tun, als hätte ich eine Krankenschwester oder einen Pfleger gesucht. Wegen einer Kopfschmerzpille oder so. Der Raum war aber leer. Der Schrank verschlossen. Hinter der Tür stand ein Kleiderständer. Und über dem Kleiderständer hing das fürchterliche Kinder-Erschrecker-Kostüm des Clowns. Inklusive seines Fracks. Ein Frack ist eigentlich ein feiner Anzug in Schwarz, zu dem eine Jacke gehört, die vorne ganz kurz und hinten ganz lang ist. Was praktisch ist, wenn man pinkeln muss, aber unpraktisch, wenn man ein größeres Geschäft vor sich hat. Der Frack des Clowns war aber gar nicht fein. Er war abgewetzt und zusätzlich per Hand noch weiter verhässlicht worden. Der Clown hatte sich in einem Anfall von Blödheit grüne Streifen auf die elefantengroße Hose genäht, die sich teilweise schon ablösten. Auch die Jacke sah kaum besser aus. Sie war mit giftgrünen Streifen und kleinen Buttons und Anstecknadeln verschandelt worden. Neben dem Frack hingen seine roten Hosenträger, sein kackbraunes Hemd mit den eitergelben Quadraten und dem absurd großen Kragen, seine popelgrüne Weste und seine Fliege mit den babyrosa Punkten. Seine schreckliche rote Perücke und seine Quietsch-Nase lagen in einer Tüte verpackt neben den riesigen Clowns-Latschen auf dem Boden. Was sollte ich tun? Ich hatte zwei Möglichkeiten. Erfrieren oder als Clown abhauen. Und obwohl ich mich vor den Klamotten ekelte, riss ich sie vom Kleiderständer und verschwand mit ihnen in mein Zimmer.

Dort dachte ich kurz darüber nach, ob es nicht doch besser war, einfach zu erfrieren, und warum ich ständig in schwachsinnigen Kostümen fliehen musste. Mal als Weihnachtsmann, mal als Clown, und einmal sogar als Prinzessin Lillifee. Wir hatten es auf den Kuchen eines Schulfests abgesehen und dachten, es wäre eine gute Idee, uns verkleidet unter die Leute zu mischen. Ich meine, wer rechnet schon damit, von Prinzessin Lillifee ausgeraubt zu werden?

Ich schloss mich im Bad ein, stieg in die Hose und zog sie hoch. Genauer gesagt dreimal. Solange dauerte es, bis ich die Hosenträger so eng eingestellt hatte, dass mir die Hose nicht mehr auf die Knöchel rutschte. Ich schlüpfte in das feuchte, verschwitzte Hemd, knöpfte die Weste zu und steckte mir die Fliege an. Dann warf ich mich in die Jacke, setzte mir die Perücke und die rote Nase auf, zog mir die Socken an und schlüpfte in die riesigen Schuhe. Ohne auch nur einen Blick in den Spiegel zu werfen, stapfte ich aus dem Bad. In den Schuhen, die nicht nur so lang waren wie Schwimmflossen, sondern auch so bequem, tapste ich mühsam aus dem Klo. Ich sah mit Sicherheit nicht nur total bescheuert aus, ich ging auch so. Um nicht über die Schuhe zu stolpern, musste ich nämlich bei jedem Schritt die Beine so hoch ziehen, als würde ich über ein unsichtbares Hindernis steigen. Ich packte mir noch ein paar von den knochentrockenen Keksen als Proviant für den allerschlimmsten Notfall ein. Sicher ist sicher. Dann brach ich auf. Ich fühlte mich schrecklich, als ich durch die Gänge zum Ausgang watschelte wie die hässlichste Ente aller Zeiten. Vor allem, weil ich kaum vorwärtskam. Das war allerdings nicht nur den Schuhen geschuldet, sondern auch all den Kindern, die mich unterwegs abfingen und lautstark ein Ballontier verlangten oder mich zwangen, auf meine Quietsch-Nase zu drücken. Alle zwei, drei Meter wurde ich von ihnen gestoppt und musste einen Luftballon aufpusten und ein Ballon-Tier daraus knoten.

Ich knotete einen Ballon nach dem anderen. Erst

am Ende schaute ich mir das Ergebnis an und gab dem Ballon, je nachdem wie er aussah, seinen Namen.

»Hier, ein schöner Ballon-Hundehaufen für dich.«

So ging es die ganze Zeit, bis es mir irgendwann zu bunt wurde. Ich pustete im Gehen einfach nur noch Ballons auf, sparte mir das Verknoten und überreichte sie gleich so, wie sie waren.

»Du bekommst eine Ballon-Schlange. Und du eine Ballon-Bockwurst, bitte schön. Und du bläst den dämlichen Ballon selber auf.«

Dann stand ich endlich draußen vor dem Krankenhaus. Ich watschelte um das Gebäude herum, bis ich den Fahrradständer erreichte, den ich von meinem Krankenzimmer aus entdeckt hatte. Ich wedelte den Schnee von beiden Rädern und befreite die Sättel und Lenker von einer dicken Eisschicht. Dann suchte ich nach den Schlössern. Bingo! Glück gehabt. Eines der Fahrräder war nur mit einem läppischen Speichenschloss verriegelt. Es dauerte keine Minute, bis ich das Schloss geknackt hatte und kräftig in die Pedalen trat.

KAPITEL 18

Rein und gleich wieder raus

»Nach Hause düsen. Reinstürmen. Sachen packen und gleich wieder rausrasen.« So lautete der Plan. Ich hatte keine Ahnung, wie viel Uhr wir mittlerweile hatten. Die Sonne war längst untergegangen. Dunkelgraue Wolken jagten über den sternenlosen Himmel. Es war stockfinster, so dass ich die kleinen, unbeleuchteten Feldwege vermeiden musste. Die hätte ich sonst gerne wegen meiner lächerlichen Verkleidung genommen. Aber die Gefahr eines Sturzes war zu hoch. Also fuhr ich die normalen Straßen. Im Schein der Straßenlaternen sahen die verdreckten Schneereste am Straßenrand noch trostloser aus. Ich entschied mich, über die Bundesstraße zu fahren. Das war ohne richtigen Radweg zwar der gefährlichste, aber auch der kürzeste Weg zu uns. Omas Häuschen lag gut fünf Kilometer vom Krankenhaus entfernt. Was ja nicht wirklich weit weg war, wenn man auf einem Fahrrad saß. Außer das Fahrrad hatte kaum noch Luft in den Reifen, und ich trug Clownsschuhe, deren Spitzen ständig auf dem Boden schleiften. Als ebenfalls wenig hilfreich erwies sich der uralte Dynamo, der sich an den Vorderreifen klammerte, als wollte er mich zum Stillstand bringen. Aber was sollte ich machen? Ich brauchte Licht. Die Landstraße war ohne Radweg, aber mit komplett behämmerten Rasern schon *mit* Licht lebensgefährlich. Kein Licht wäre mein Ende. Und ich wollte keinesfalls in dem Clownsaufzug wieder zurück ins Krankenhaus gebracht werden. Bekloppt aussehen und dabei noch als Dieb enttarnt werden? Wie peinlich wäre das denn!?

Von der Bundesstraße bog ich in die Hauptstraße ab und kam auch an dem kleinen Laden für Tischtennisbälle vorbei, den Mama donnerstags nach Ladenschluss heimlich wieder öffnete. Mama stand hinter dem Tresen und wischte Staub. Als ich zu ihr in den Laden guckte, sah sie zu mir raus. Was mich nicht störte. In dem schwachsinnigen Aufzug würde sie mich niemals erkennen, selbst wenn wir nebeneinander stundenlang in einem Zug säßen.

Als ich endlich das Fahrrad in unseren teilweise betonierten Vorgarten steuerte, war ich völlig verschwitzt und außer Atem. Da die Zeit drängte, ließ ich das Rad einfach fallen und versuchte gar nicht erst, geräuschlos ins Haus zu schleichen. Was mit Clownsschuhen wohl eh nicht geglückt wäre. Oder hat schon mal jemand Ninjas mit Clownsschuhen gesehen?

Der Rucksack stand in meinem Schrank. Ich zog ihn heraus. Das Handy lag gleich obenauf. Es blinkte. Über zwanzig Nachrichten von Schönemann waren eingegangen. Ich las keine, sondern schickte einfach nur eine SMS.

»Bin in ungefähr zwanzig Minuten da. Dann geht es los.«

Ich steckte das Handy wieder in den Rucksack. Zum Umziehen hatte ich keine Zeit. Aber die Schuhe musste ich wechseln. Ich feuerte die Höllenteile unter mein Bett und zog meine Turnschuhe an. Franz und Papa saßen gemeinsam im Wohnzimmer und schauten fern, und dem Staubsaugergeräusch nach war Oma oben unter dem Dach zugange. Das nutzte ich aus. Ich rannte die Kellertreppe runter und in Äs und Is Labor. Ich brauchte gar nicht lange zu suchen. Das zweite Tischfeuerwerk stand auf der Werkbank. Scheinbar hatte Papa vor, sich die Rauchbombe noch einmal genauer anzusehen. Ich stopfte sie in meinen Rucksack. In der Küche packte ich die letzten beiden Päckchen Butter ein und verließ das Haus.

Der Einbruch

Als ich bei Schönemanns Spedition eintraf, wartete der schon unruhig vor dem Tor auf mich. Er war blass und ziemlich aus dem Häuschen.

»Wo zum Teufel warst du? Ich habe tausendmal versucht, dich zu erreichen!«

»Zu lange Geschichte. Wie sieht es aus?«

»Alles haargenau so wie besprochen. Zwei Wachleute sitzen vor der Schleuse, und einer bewacht den Diamanten im Käfig«, sagte er.

»Gut«, sagte ich. Obwohl eine gute Nachricht eher »Es sind keine Wachleute da, und der Diamant liegt auf dem Hof in einem kleinen Pappkarton« gelautet hätte. Ich stieg vom Rad.

Schönemann musterte mich.

»Wie siehst du denn überhaupt aus? Soll das etwa eine Tarnung sein?«, fragte er völlig zurecht. Vor allem, weil ich in der Hektik vergessen hatte, die Perücke und die alberne Clownsnase abzusetzen. Ich zog die Nase ab, behielt die Perücke aber auf. Die bestand nämlich komplett aus Kunststoff und hielt meinen Kopf schön warm.

»Lange Geschichte«, wiederholte ich mich und stellte das Rad ab.

»Und, wie gehen wir jetzt vor?«, fragte Schönemann. Er war wirklich fix und fertig. Er knetete seine Hände und wippte von einem Bein auf das andere.

»Wir gehen gar nicht vor«, sagte ich. »Sie gehen schön nach Hause, und ich kümmere mich um den Rest.«

Schönemann sah erleichtert aus.

»Okay. Gut. Verstehe ich. Wie lange wirst du brauchen?«, fragte er.

»Wenn alles glattgeht, sollte ich in nicht mal einer Stunde fertig sein.«

»Und wenn nicht?«, fragte Schönemann besorgt.

»Dann können Sie mich in den Nachrichten sehen, wie ich von der Polizei abgeführt werde«, sagte ich.

Merkwürdigerweise wurde ich immer, wenn ein Einbruch oder Diebstahl vor der Tür stand, extrem ruhig und fokussiert. Was bemerkenswert war, weil ich mich in der Schule bei Klassenarbeiten oder Tests regelmäßig in ein zittriges, Unsinn stammelndes Nervenbündel verwandele. Wenn es aber ums Klauen geht, werde ich zur Maschine.

»Soll ich gehen?«, fragte Schönemann.

»Unbedingt«, sagte ich.

»Okay«, sagte Schönemann. »Aber erst will ich die Quittung vom Baumarkt.«

Ich setzte den Rucksack ab, holte den Kassenzettel raus und übergab ihn Schönemann. Der sah ihn sich genau an, bevor er ihn einsteckte. Ich konnte es nicht fassen, was für ein Geizhals und Kontrollfreak Schönemann war.

»Du schuldest mir noch zwei Euro dreißig«, sagte er und steckte den Beleg in seine Manteltasche. Ich platzte fast vor Wut.

»Ziehen Sie es von den 10 000 ab«, antwortete ich und ließ ihn stehen. Ich hatte andere Probleme.

Ich lief den locker drei Meter hohen Zaun entlang, bis ich eine Stelle fand, die weder von der Straße noch vom Hof einsehbar war. Ich warf den Rucksack über den Zaun und kletterte hinterher.

Immer eng am Zaun und von Gebüsch zu Gebüsch huschend umkreiste ich die Halle. Alle paar Meter verharrte ich für einen Moment in Deckung, spitzte die Ohren und sah mich um. Es blieb ruhig. Der Hof war menschenleer. Bislang hatte niemand mein Eindringen bemerkt. Das letzte Stück bis zur Klimaanlage schlich ich geduckt.

Ich packte meinen Rucksack aus. Legte alles fein säuberlich nebeneinander. Die Rauchbombe, das Stemmeisen, die Gasmaske, die Butter und ein Paar Handschuhe. Dann zog ich ganz vorsichtig das Gitter von der Öffnung. Ich robbte an das Loch und spinkste in die Halle. Von meiner Position aus konnte ich den Gitterkäfig nicht sehen. Aber die beiden Wachleute, die in dicken Jacken und mit dicken Pistolen am Gürtel vor der Schleuse saßen und sich mit Handyspielen die Zeit vertrieben, sah ich sehr wohl. Die beiden musste ich als Erstes loswerden.

Ich schlich an der Lagerhalle vorbei zur Rückseite des Bürogebäudes. Dort, mit einem schönen Blick auf den angrenzenden Wald, befand sich Schönemanns Büro. Jetzt stand der spaßige Teil meines Plans an. Und zwar die Alarmanlage auszulösen, in dem ich Schönemanns Fensterscheibe mit einem Stein zerdepperte. Ich suchte den Boden nach einem geeigneten Wurfgeschoss ab und fand: nichts. Kein Stein. Kein alter Schrott. Nichts. Verdammte Spießer. Verdammte Aufräumerei. Warum wollen es die Leute immer so ordentlich haben? So kann man doch nicht einbrechen! Was sollte ich tun? So lange an der Eingangstür ruckeln, bis sie genug hatte und den Alarm auslöste? Das könnte klappen. Allerdings war die

Eingangstür hell erleuchtet und vom Hof aus prima zu sehen. Ich würde es kaum schnell genug schaffen, wieder in der Dunkelheit zu verschwinden, bevor die Wachleute auf dem Hof waren. Ich stemmte meine Fäuste in die Hüften, wie Mama es immer tat, wenn sie mir oder Franz demonstrieren wollte, dass sie wirklich sauer war. Dabei spürte ich Papas Kekse in meiner Tasche. Ich nahm einen heraus und dachte nach. Papas Kekse hatten schon mehr als einen Zahn und unzählige Plomben auf dem Gewissen, aber waren sie auch hart genug, um eine Scheibe zu zertrümmern? Ich wog den Keks in meiner Hand. Er kam mir sogar deutlich schwerer als ein vergleichbar großer Stein vor. Ich biss vorsichtig hinein. Und härter war er auch. Ich trat zwei Schritte zurück und warf den Keks volle Lotte Richtung Schönemanns Fenster. Der flache Keks schoss los, kam aber kurz vor der Scheibe von seiner Flugbahn ab und zerschmetterte an der Wand. Ich fischte einen zweiten aus meiner Jackentasche und startete den nächsten Versuch.

Diesmal zielte ich etwas mehr nach links. Der Keks flog los und drehte wieder kurz vor der Scheibe ab. Krümel rieselten mir in die Perücke. Ich zog den letzten Keks hervor. Jetzt musste ich treffen, oder ich stand vor einem gigantischen Problem. Ich ging bis zum Zaun zurück. Atmete tief durch, gab dem Keks einen Glückskuss, spurtete los und warf. Wie eine Rakete schoss der Keks los. Wieder kam er kurz vor der Scheibe vom Kurs ab. Aber es reichte trotzdem. Wie eine Pistolenkugel zerschlug Papas stahlhartes Spritzgebäck die Scheibe. Ich wich zurück. Tausende von kleinen Scherben fielen nach unten. Die Alarmanlage sprang an, und ein infernalisches Heulen zerfetzte die Stille. Ich raste zurück zur Halle. Jetzt musste es schnell gehen. Superschnell. Nach meinen Berechnungen hatte ich maximal fünf Minuten Zeit, bis die Polizei auf der Matte stehen würde. Als Erstes warf ich mich vor der Öffnung der Klimaanlage auf den Boden und glotzte in die Halle. Beide Stühle vor dem Eingang lagen umgestürzt auf dem Boden. Die Wachleute an der Sicherheitsschleuse waren verschwunden. Das hatte also geklappt. Schnell zog ich mich bibbernd bis auf die Unterhose, Schuhe und Perücke aus. Dann setzte ich mir die Gasmaske auf und schmierte mich mit der Butter ein. Was gar nicht so einfach war. Die Butter war steinhart gefroren. Hier draußen war es kälter als in unserem Kühlschrank. Ich drückte und quetschte die Butter so lange in meinen Händen, bis sie halbwegs weich war, und rieb sie über meine Brust. Vor der Öffnung liegend, nahm ich das Tischfeuerwerk und schob es vorsichtig in die Halle. Warme Luft strömte nach draußen. Ich entzündete ein Streichholz, das aber sofort ausging. Ich hielt ein zweites an die Zündschnur. Aber anstatt die Rauchbombe zu zünden, flackerte es ein wenig rum und erlosch. Beim dritten Versuch schützte ich die Flamme, so gut es ging, mit meiner Hand. Sie flackerte, erlosch fast, und kurz bevor ich mir meine Finger verbrannte, begann die Zündschnur endlich Funken zu sprühen. Ich schubste das Tischfeuerwerk noch ein wenig weiter in die Halle, ging in Deckung und wartete auf den großen Knall. Sobald das Ding Rauch ausspie, würde ich mich durch die Öffnung in der Wand quetschen. Aber es passierte nichts. Vorsichtig sah ich wieder in die Halle. Die Rauchbombe hatte versagt. Vielleicht war die Zündschnur doch noch erloschen? Es blieb mir nichts anderes übrig. Ich musste nachsehen. Auf dem Bauch liegend angelte ich mit dem Stemmeisen nach der Rauchbombe. Aber egal, wie lang ich mich auch machte, ich kam nicht an sie ran. Auf einmal hörte ich ein Zischen. Erst leise, dann immer lauter. Es kam aus dem Tischfeuerwerk. Es ging los. Und wie! Aber anstatt wie auf Omas Geburtstagsfeier in die Luft zu gehen und Rauch zu verströmen, fing die Rauchbombe an, fröhlich knallend Konfetti, Luftschlangen und Plastikblumen in die Luft zu ballern. Musste denn ausgerechnet jetzt, zum allerersten Mal, eine von Äs und Is Erfindungen funktionieren? Und es wurde noch schlimmer. Auf einmal hörte ich Musik und danach die extrem laute und unglaublich deutliche Stimme meines Vaters. Er sang: »Happy birthday to you. Happy birthday to you, happy birthday Oma Käsebier. Happy birthday to you.«

Der Song war am Ende. Aber Papa noch lange nicht.

»Alles Gute zu deinem Geburtstag, wünschen dir dein Enkel Franz und dein dich liebender Schwiegersohn Klaus Käsebier!«, ratterte das Tischfeuerwerk.

Ich saß kreidebleich vor dem Loch in der Wand und konnte es nicht fassen. Hatte die Rauchbombe eben die Namen meines Vaters und Bruders verraten? Ich denke, selbst die dämlichsten Verbrecher wissen, dass es grundsätzlich nie eine gute Idee ist, bei einem Diebstahl seinen Namen herumzuposaunen. Eigentlich versucht man immer, möglichst leise zu agieren und sich so unauffällig wie möglich zu verhalten. So wie ein Ninja halt. Ein singendes und Konfetti und Blumen durch die Gegend ballerndes Tischfeuerwerk kommt deshalb bei einem Diebstahl in etwa so häufig zum Einsatz wie eine Blasmusikkapelle, Signalraketen oder eine Horde wütender Elefanten. Aber, wer zum Teufel, hätte damit rechnen können, dass Papa wirklich mal was Funktionierendes zusammenbaute? Das Tischfeuerwerk ratterte und zischte noch etwas weiter. Dann gab es endlich Ruhe. Ein Furzgeräusch ertönte und dann ein mächtiger Knall. Meine Ohren pfiffen. Ich sah sofort in die Halle. Das Tischfeuerwerk war doch noch explodiert, und Rauch breitete sich wie dichter Nebel rasend schnell aus. Jetzt musste ich Gas geben. Ich warf das Stemmeisen in die Halle und mich auf den Rücken vor die Öffnung. Ich schob mich vorwärts. Mit meinem Kopf war ich ruckizucki drinnen. Ich zog meine Arme hinterher, packte von innen die Wand und drückte mich vorwärts in die Halle. Dann ging es nicht weiter. Meine eingebutterte Brust war eingeklemmt. Ich wand mich wie eine Schlange und spürte, wie meine Haut zerkratzte. Es schmerzte höllisch. Aber ich musste weiter. Ich atmete aus, wackelte hin und her und kam so Stück für Stück vorwärts. Dann war ich endlich drin. Allerdings nicht meine Haut. Keuchend schnappte ich das Stemmeisen und stand auf. Ich drückte mich an die Wand und versuchte, die Schmerzen wegzuatmen. Ich lauschte, hörte den Wachmann husten. Dann wurde ein Schlüssel in einem Schloss gedreht. Ich hörte, wie die Gittertür des großen Stahlkäfigs krachend aufgestoßen wurde. Der Wachmann stolperte einige Meter fluchend und hustend an mir vorbei. Es lief wie am Schnürchen. Eigentlich hatte ich geplant, geradewegs zum Käfig zu laufen, um Zeit zu sparen. Aber das ging nicht. Ich konnte zwar hören und, im Gegensatz zum Wachmann, mit meiner Gasmaske auch problemlos atmen. Nur sehen konnte ich rein gar nichts.

Der Rauch war so unglaublich dicht, dass ich buchstäblich meine Hand vor Augen nicht sah. Ich hatte eine zentimeterhohe Gänsehaut. Es gruselte mich. Das letzte Mal, dass ich mich so fürchtete, war, als ich mich mit Franz vor ein paar Jahren im Wald verlaufen hatte. Die ganze Zeit über hatten wir damals das Gefühl, dass wir von Monstern oder wilden Tieren beobachtet und verfolgt wurden.

Ich schüttelte die Gedanken ab. Ich musste jetzt unbedingt cool und professionell bleiben. Den geraden Weg konnte ich nicht nehmen. Daher blieb mir nichts anderes übrig, als mich an der Wand vorwärtszutasten. Im Kopf schätzte ich schnell die Entfernung von mir bis zum Käfig. Nicht in Metern, son-

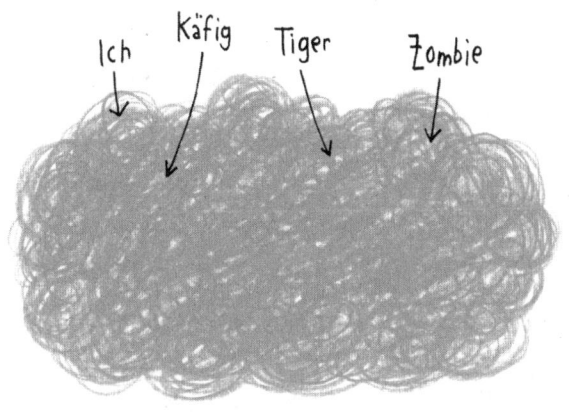

Ich Käfig Tiger Zombie

dern in Schritten. Die begann ich dann zu zählen.
»1, 2, 3, …«, und immer so weiter, bis ich »… 66, 67,
68!« Schritte getan hatte. Ich stoppte. Meinen Schät-
zungen zufolge musste ich nun auf Höhe des Käfigs
stehen. Ich drehte mich, so dass ich mit dem Rücken
zur Wand stand. Dann ging ich weiter. So geradeaus
wie möglich. Es ist schwer, einen geraden Weg einzu-
schlagen, wenn man nichts sieht. Wenn uns unsere
Augen nicht ständig korrigieren würden, würden alle
Menschen pausenlos im Kreis laufen. Der Käfig
musste ungefähr zehn Meter von mir entfernt stehen.
Ich wedelte mit dem Stemmeisen vor mir rum, um
nicht mit dem Kopf gegen den Käfig zu rennen. Eine
Gehirnerschütterung pro Woche reichte.

Dann, nach genau dreiundzwanzig Schritten, schlug ich mit meiner linken Hand an eine Stange.

»Autsch.«

Ich hatte den Käfig gefunden und hangelte mich von Stange zu Stange weiter. Keine Minute später stand ich vor der Gott sei Dank immer noch geöffneten Tür. Vorsichtig betrat ich den Käfig. Ich versuchte mich an ihn zu erinnern. Rechts stand, wenn ich mich recht entsann, ein kleiner Tisch. Davor ein Stuhl. Links vom Tisch sollte eigentlich die Box mit dem Diamanten in einer Glasvitrine liegen. Ich ging vorwärts, bis ich an den Tisch stieß. Dann noch sechs Schritte seitwärts. Die Glasvitrine, ich hatte sie gefunden! Um keine Zeit zu verlieren, zerschlug ich das Glas der Vitrine mit dem Stemmeisen. So hatte ich das schwere Teil wenigstens nicht umsonst mit mir rumgeschleppt. Vorsichtig tastete ich das Innenleben der Vitrine ab. Die Box! Sie fühlte sich kühl an, wie aus Metall, und war in etwa doppelt so groß wie eine von Omas alten Zigarrenschachteln. Ich schnappte sie mir und verließ den Käfig. Dabei stolperte ich über den Türrahmen, stürzte nach vorne und geriet ins Rennen. Ich ruderte wie ein Blöder mit den Armen. Das Stemmeisen flog mir aus der Hand. Scheppernd landete es ein paar Meter entfernt. Ich verlor erst endgültig mein Gleichgewicht und dann den Diamanten. Als ob ich einen verunglückten Kopfsprung in einen Pool machen würde, flog ich ein Stück vorwärts und krachte mit einem satten Bauchplatscher auf den Boden. Mir blieb die Luft weg. Mühsam rollte ich mich auf meinen Rücken. Gerne wäre ich noch ein paar Minuten liegen geblieben. Aber das ging nicht. Ich krabbelte wie ein Käfer vorwärts, bis ich endlich die Box wiedergefunden hatte. Sie war noch zu. Der Diamant also noch drinnen. Aber ich hatte mittlerweile total die Orientierung verloren. Ich konnte nicht sagen, ob der Käfig hinter mir oder vor mir war. Und wo war mein verfluchter, sauenger Ausgang aus dieser Hölle? Ich lief ein paar Schritte vor, dann wieder zurück. Ging ein paar Meter nach links, dann nach rechts.

Ich irrte herum wie damals im Wald. Ich musste den verdammten Ausgang finden oder alles wäre vorbei. Ich wurde immer hektischer. Der verfluchte Rauch verzog sich einfach nicht. Woraus hatte mein Vater die Rauchbombe bloß gebaut? Aus dicken Zigarren oder echten Armee-Rauchbomben? Ich war fertig. Konnte nicht mehr. Mir rann der Schweiß von der Stirn. Ich brauchte eine Pause und setzte mich auf den Boden. Ob ich noch weiter durch den Qualm geisterte oder nicht, spielte keine Rolle mehr. Ich kam hier eh nicht mehr raus. Ich war geliefert. Am Ende. Meine Zukunft, die ich mir so nett spießig mit Schulabschluss, Reihenhaus und normalem Job ausgemalt hatte, endete hier und jetzt, bevor sie überhaupt begonnen hatte.

»Scheiße!!!« Ich schrie meinen Frust raus.

»Scheiße sagt man nicht. Scheiße macht man nur«, antwortete eine Stimme, die ich nur allzu gut kannte.

»Franz?«, rief ich verblüfft und war mir sicher, dass ich gerade durchdrehte. Erlebte ich so was wie eine akustische Fata Morgana? Gab es so was überhaupt? Es konnte nicht mein Bruder sein. Oder doch?

»Eduard. Hier. Hilf mir! Schnell.«

Okay. Die Stimme klang nicht nur genauso wie die meines Bruders, sie steckte auch in Schwierigkeiten, die ich lösen musste. Es konnte also wirklich nur Franz sein. Oder mein Vater. Der konnte aber keine Stimmen nachmachen, auch wenn er das partout nicht einsehen wollte und es pausenlos versuchte.

Ich stand auf.

»Wo bist du?«, rief ich.

»Hier. Ich stecke fest.«

Nach wenigen Schritten hatte ich die Wand erreicht. Ich folgte ihr, bis ich meinen Bruder entdeckte. Er steckte in meinem Lüftungsrohr fest.

»Hallo. Wie geht's? Alles klar?«, fragte er, als würden wir uns gerade morgens im Bad begegnen. Und nicht in einer komplett verrauchten Lagerhalle, in der gerade der größte Diamantenraub der jüngeren Geschichte von mir begangen wird.

»Was machst du da?«, fragte ich.

»Bin dir gefolgt«, sagte Franz. »Ich wusste, dass du irgendwas ausheckst.«

»Woher?«, fragte ich.

»Du hast dich total komisch benommen in letzter Zeit. So von wegen ehrlich werden und so.«

»Ich bin … ich wollte ehrlich werden«, sagte ich trotzig.

»Hab ich auch gedacht. Aber dann die Sache mit dem Stemmeisen, der Gasmaske und dein mysteriöser Unfall im Keller. Ja. Und da habe ich mir gedacht, ich hefte mich mal an deine Fersen.«

»Das hast du gut gemacht«, sagte ich. Was nicht gelogen war. Ohne meinen Bruder hätte ich nie im Leben den Ausgang gefunden.

»Rutsch jetzt zurück. Wir müssen raus hier.«

»Geht nicht«, sagte Franz. »Ich stecke fest wie die Heringe in Omas Vorgarten.«

»Okay.« Ich dachte nach. »Versuch wieder rauszu-krabbeln. Ich schiebe von hier.«

»Gut.« Franz rutschte hin und her, und ich packte ihn an den Schultern und drückte.

»Nicht zu feste. Das zieht!«, jammerte Franz. Er steckte weiter bombenfest in der Wand. Ich hörte auf zu drücken.

»Und nun?«, fragte Franz.

»Keine Ahnung«, sagte ich.

»Keine Idee?«, fragte Franz. »Du hast doch sonst immer Ideen.«

»Nein. Überhaupt keine.« Ich lehnte mich an die Wand.

»Denk nach! Streng dich an! Wenn einer auf eine Idee kommt, wie wir von hier abhauen können, dann du!«, sagte Franz.

»Vergiss es.«

»Streng dich an, Genie!«

»Genie?« Ich musste lachen.

»Na klar. Meinst du, wir wissen nicht alle, dass du der genialste Verbrecher von uns bist?«, sagte Franz.

»Wirklich?« Ich stutzte. Ich wusste zwar, dass Oma und Mama mich für besonders talentiert hielten. Dass aber auch mein Vater und mein Bruder das dachten, hatte ich nicht mal geahnt.

»Klaro.« Franz sprach weiter. »Was meinst du, warum Papa so sauer auf dich ist, weil du angeblich ehrlich werden wolltest.«

»Ich will immer noch ehrlich werden. Ich laufe nicht freiwillig halbnackt hier rum. Ich wurde erpresst.«

»Von wem?«, fragte Franz.

»Schönemann natürlich. Von wem denn sonst? Er hat ein Video von uns, wie wir in seiner Wohnung Weihnachten feiern.«

»Ach du Scheiße! Dann waren das echte Kameras in seiner Wohnung?«

»Was? Du hast die gesehen?«

»Natürlich.«

»Und warum hast du nichts gesagt?«

»Ich dachte, die wären nicht echt.«

»Warum sollte sich jemand nichtfunktionierende Kameras in die Bude hängen?«

»Weiß nicht. Zur Abschreckung?«

Ich fasste mir an den Kopf. Wie konnte man nur so blöd sein.

»Außerdem wollte ich nicht unsere Feier stören. Es war so schön. Kein Streit. Geschenke. Kakao. Das wollte ich nicht kaputtmachen.«

Weil ich ihn so gut verstehen konnte, war ich nicht

einmal sauer auf meinen Bruder. Bis zu unserer Flucht war das Weihnachtsfest tatsächlich auch das schönste meines Lebens gewesen.

»Ist Papa immer noch sauer?«

»Und wie. Ich meine, er bemüht sich wie verrückt, ein guter Verbrecher zu werden. Einer, der es verdient, den Namen Käsebier zu tragen. Und du …?«

»Was ich?«, fragte ich.

»Du bekommst alles in die Wiege gelegt. Talent, Geschick, und schlau bist du auch noch. Und was machst du? Du wirfst das alles weg. Das ist doch Wahnsinn, wenn man so was tut! Talent ist auch eine Verpflichtung.«

Was soll das heißen, du hörst auf mit Basketball und fängst mit Minigolf an?

Ich sagte nichts. Ich stand nur da und fror mir den Hintern ab.

»Du, mir wird saukalt«, sagte Franz.

»Ja. Du hast recht. Wir müssen hier weg.«

Ich kniete mich vor meinen Bruder und fasste ihn an den Schultern.

»Das wird jetzt etwas wehtun, Franz.«

»Kein Problem. Ich halte das aus«, antwortete er selbstbewusst, und ich versuchte, ihn mit aller Kraft aus seiner Klemme zu schieben. Ich hatte noch nicht mal richtig angefangen, da jammerte er schon los.

»Aua. Aua. Aua. Stopp. Stopp. Aufhören!«

»Ich habe doch noch nicht mal richtig angefangen!«

Als ich schon aufgeben wollte, zischte Franz auf einmal aus dem Loch, wie ein Korken aus einer gut geschüttelten Sektflasche. Von einer Sekunde auf die andere war er weg. Als hätte ihn die Nacht verschluckt. Offensichtlich hatte sich nicht nur er an meine Fersen geheftet. Ich warf mich auf den Boden, drehte mich auf den Rücken und robbte rückwärts durch die Lüftung aus der Halle. Meine blutige Brust war mir egal. Ich biss auf die Zähne. Hauptsache weg hier. Als ich draußen ankam, staunte ich nicht schlecht. Nicht mein Vater hatte den zappelnden Franz am Kragen gepackt, sondern Schönemann. Und der war sauer. Sein Wikinger-Bart zitterte, und dicke Adern traten auf seinem Wikinger-Hals hervor.

»Was zum Teufel macht der Wurm hier?«, keifte er mich an.

»Weiß ich nicht. Spielt auch keine Rolle«, antwortete ich und warf ihm die Box mit dem Diamanten zu. Schönemann ließ meinen herumhampelnden Bruder los. Der sah das nicht kommen und fiel auf die Nase. Franz rappelte sich auf und kam schimpfend zu mir rübergelaufen. Schönemann öffnete die Box und starrte auf den gelblich schimmernden Diamanten in seiner Hand. Er lächelte, schien wie in Trance. Weit entfernt dröhnten Sirenen. Die Polizei war auf dem Weg.

»Sie haben Ihren Diamanten. Wo sind das Video und meine 10 000 Euro?«, fragte ich.

Schönemann antwortete nicht. Er starrte mit weit aufgerissenen Augen und einem irren Lächeln auf den Diamanten.

Die Sirenen kamen immer näher. Wir mussten abhauen. Ich lief zum Hof, um mir einen Überblick zu verschaffen.

Kein Wachmann war da. Ich sah den Schein von Taschenlampen hinter den Fenstern des Bürogebäudes. Die Wachmänner durchkämmten Etage für Etage.

Ich raste um die Halle herum zurück zu Franz, Schönemann und meinen Clownsklamotten. Keinen Moment zu früh. Die Wachleute stürzten aus dem Haus. Angeführt von dem Wachmann aus dem Käfig, der immer noch hustete, rannten sie zurück zur Halle.

Während ich mir hektisch die albernen Clownsklamotten anzog, versuchte ich, Schönemann aus seiner Trance zu holen. »Hey! Das Geld. Wo ist mein Geld?«, schrie ich Schönemann an.

»Was für Geld«, sagte Schönemann mit süßer Stimme. »Ich weiß nichts von Geld.«

»Wir haben einen Deal«, schrie ich.

Die Sirenen waren jetzt ganz nah. Dem höllischen Lärm nach, mussten alle Polizisten der Stadt auf dem Weg zu uns sein. Blaue Lichtblitze durchschnitten die Nacht. In weniger als einer Minute würden die ersten Polizisten mit gezückten Pistolen das Gelände durchsuchen. Wir mussten jetzt sofort abhauen. Das wurde endlich auch Schönemann klar. Den Vorderausgang konnten wir vergessen. Wir mussten über den Zaun klettern. Und zwar alle drei.

»Los, kommt!«, rief ich, packte meinen Bruder am Arm und zog ihn hinter mir her zum Zaun. Schönemann folgte uns. Franz kletterte den Zaun in Windeseile hoch und auf der anderen Seite wieder runter. Ich wartete oben auf dem Zaun auf Schönemann. Eines war klar. Wikinger sind im Zäuneklettern echte Vollversager.

Schönemann war einfach zu dick und unsportlich. Die ersten Polizeiwagen rasten bereits auf den Hof. Autotüren flogen auf. Ich hörte Geschrei. Dann die Schritte vieler Polizisten. Sie rannten kreuz und quer. Gleich waren wir fällig. Uns blieben nur noch Sekunden. Franz war längst in der Finsternis verschwunden. Ich wollte Schönemann helfen und reichte ihm meine Hand. Der ergriff sie und tat: nichts.

»Ich kriege Sie nicht alleine hochgehoben. Sie müssen schon ein bisschen mithelfen«, schrie ich ihn an. Schönemann begann, sich den Zaun ächzend und stöhnend hochzuhieven.

Als er sich oben neben mir am Zaun festkrallte, sagte er: »Danke.«

Immer mehr Polizeiautos bremsten mit quietschenden Reifen. Ich hörte Hunde bellen. Dann gab es einen Knall, und der Hof war taghell erleuchtet.

»Was war das?«, fragte Schönemann ängstlich.

»Suchscheinwerfer«, sagte ich nur. »Wir müssen so schnell wie möglich weg.«

Gerade als ich vom Zaun springen wollte, packte mich Schönemann an meiner Clownsjacke und riss mich zurück. Ich verlor den Halt und stürzte auf den Hof.

Schönemann wuchtete seinen massigen Leib weiter hoch, bis er auf dem Zaun saß wie auf einem klapperdürren Pferd.

»Was soll das?«, schrie ich.

»Du bleibst hier«, sagte Schönemann. »Und ich haue ab.«

»Ich verpfeife Sie. Ich habe Zeugen!«, rief ich triumphierend.

»Deinen Bruder?«, fragte Schönemann feixend. »Ein toller Zeuge. Und weißt du, was noch toller ist? Mein Alibi. Ich genieße nämlich gerade ein schönes Abendessen mit meiner Familie und meinen besten Freunden.«

Er freute sich diebisch. Sein dicker Bauch wackelte vor Lachen, und Schönemann klammerte sich fest, um nicht vom Zaun abgeworfen zu werden.

»Ich muss dann mal los«, sagte er.

Im selben Augenblick wurde ich zur Seite gestoßen.

»Du bleibst schön hier!«, hörte ich meinen Vater sagen. Der marschierte an mir vorbei zu Schönemann, packte ihn am Bein und zog ihn vom Zaun. Schönemann kippte wie ein Sack Kartoffeln zur Seite und landete krachend vor meinen Füßen. Er schien angeschlagen zu sein. Er stöhnte leise und wirkte benommen.

Allerdings nur kurz, dann begann er zu schreien.

»Hilfe! Hilfe! Diebe! Einbrecher! Hilfe!«

Mein Vater, der bis dahin unglaublich cool geblieben war, wurde unruhig.

»Klappe!«, zischte er ihn an und packte ihn drohend am Kragen. Schönemann hielt sich schützend die Hände vors Gesicht, als würden wir ihn verhauen. Er blieb nicht still. Ganz im Gegenteil. Er schrie immer lauter.

»Hilfe! Einbrecher! Hilfe! Mörder!!!«

»Halt endlich deine verdammte Klappe!«, keifte ihn Papa an.

Doch zu spät. Das Licht etlicher Taschenlampen blendete uns.

»Polizei! Keine Bewegung!«

Papa nahm seine Hände hoch. Fünf oder sechs Polizeibeamte stürmten mit gezogener Waffe auf uns zu. Papa wurde zu Boden gerissen. Ein Polizist kniete auf seinem Rücken und legte ihm Handschellen an. Ein anderer bog mir meine Arme hinter den Rücken und ließ die Handschellen klicken. Und zwei weitere Polizisten versuchten, den dicken Schönemann mühsam wieder auf seine Füße zu stellen.

Der jammerte und schluchzte. »Gott sei Dank, dass Sie gekommen sind. Ich bin Schönemann. Der Eigentümer der Spedition. Und die da, die wollten den Diamanten klauen und mich töten! Sie sind gerade noch rechtzeitig gekommen. Eine Minute später, und ich wäre tot!«

»Lügner!«, schrie ich.

»Hier. Hier. Ich habe Beweise!« Schönemann zog die Box mit dem Diamanten aus seiner Manteltasche.

»Ich habe ihnen gerade noch so eben den Diamanten entreißen können.«

»Das haben Sie gut gemacht«, hörte ich den netten Polizisten aus dem Krankenhaus sagen.

Stefan nahm den Diamanten an sich.

»Hallo, Eduard«, begrüßte er mich.

»Hallo«, sagte ich und sah zu Boden.

»Hätte nicht gedacht, dich so schnell wiederzusehen.«

Ich nickte nur.

»Du hast also den Diamanten stehlen wollen?«, fragte er.

»Ja«, gab ich zu. »Aber nur, weil der mich dazu erpresst hat!« Ich nickte zu Schönemann.

»Lüge! Dreiste Lüge. Der lügt doch, sobald er den Mund aufmacht«, schrie Schönemann.

»Hören Sie sofort auf, meinen Sohn anzuschreien. Wenn den einer anschreit, dann ich!«, schrie Papa.

»Ich lasse mir nicht von Verbrechern wie Ihnen den Mund verbieten«, krakeelte jetzt wiederum Schönemann.

Stefan nahm mich ein Stück zur Seite.

»Und womit hat er dich erpresst?«, fragte er.

Ich zögerte. Sollte ich jetzt auspacken? Käsebiers reden nicht mit der Polizei. Aus Prinzip nicht. Den Mund zu halten, würde uns aber auch nicht weiterbringen. Andererseits, wenn ich die Schuld eingestand und die Polizei davon überzeugen konnte, dass mein Vater nichts mit dem Diebstahl zu tun hatte, dann würde nur ich bestraft, und mein Vater, der gerade mit gefesselten Händen über dem Kopf vor dem Zaun kniete, hätte keine Scherereien zu erwarten. Oder zumindest nicht so schlimme. Ich blieb stumm.

»Willst du es mir nicht sagen?«, fragte Stefan. Er bemühte sich, freundlich zu klingen. Aber seine Laune war heute Morgen definitiv besser gewesen. Ich schüttelte den Kopf.

»Du weißt, dass ich dir dann nicht helfen kann?«

Wieder nickte ich stumm. Als ich die Polizisten sah, die in weißen Overalls aus Papier und mit Gummihandschuhen die Gasmaske und den Rucksack einzeln in eine Plastiktüte steckten und verschlossen, fiel es mir wie Schuppen von den Augen. Die Quittung!

»Die Quittung. Die Quittung!«, rief ich aufgeregt.

»Was für eine Quittung?«, fragte Stefan.

»Die Quittung für das Einbruchswerkzeug. Schönemann hat das bezahlt, und er hat die Quittung noch dabei. Sie ist in seiner Manteltasche!«

»Unsinn!«, rief Schönemann. »Totaler Unfug.«

Die Selbstsicherheit, die er in den letzten Minuten aufgebaut hatte, zerbröselte wie ein alter Keks. Schönemann sah sich hektisch um. Er grinste. Lachte falsch. »Das Kind lügt doch. Es ist durch und durch verdorben. Alles Lügner. Die ganze Familie.«

Stefan ging zu Schönemann und baute sich vor ihm auf.

»Darf ich?«, fragte er, und ohne eine Antwort abzuwarten, griff er Schönemann zeitgleich in beide Manteltaschen.

»Was erlauben Sie sich … Wissen Sie denn nicht, wer ich bin!« Schönemann protestierte heftig, während Stefan seine sackgroßen Manteltaschen durchwühlte, bis er die Quittung gefunden hatte.

Stefan sah sich die Quittung an. »Stemmeisen. Rucksack. Gasmaske. Handschuhe«, las er vor.

»Ganz genau. Ich habe es für ihn kaufen müssen!«, rief ich triumphierend.

»Haben Sie dafür eine Erklärung?«, fragte Stefan und wedelte mit der Quittung vor Schönemanns Nase rum.

»Die muss der Junge mir zugesteckt haben«, beschuldigte mich Schönemann. Niemand glaubte ihm. Das sah und spürte man. Offensichtlich auch Schönemann. Der schnappte sich kurzerhand und schneller, als ich es jemals für möglich gehalten hätte, die Quittung, stopfte sie sich in den Mund, kaute sie und schluckte sie runter. Er lachte wie ein Wahnsinniger, der gerade eine Quittung ohne Ketchup gefressen hatte.

»Und, wo ist jetzt der Beweis?«, jubelte er.

»Hier«, hörte ich Mama sagen. Sie stand plötzlich hinter mir. Neben ihr sah ich Oma. Die hielt eine DVD in die Höhe. Der Einbruch entwickelte sich gerade zu einem ausgewachsenen Familientreffen.

»Der schönste Weihnachtsfilm des Jahres«, sagte Oma.

»Nein. Nicht. Nicht zeigen!«, rief ich. Mehr bekam ich nicht raus. Ich war viel zu durcheinander. Wo kamen denn bloß auf einmal alle Käsebiers her? Mama stellte sich neben mich und legte den Arm um mich. »Mama ist jetzt da. Alles wird gut«, flüsterte sie mir ins Ohr und gab mir einen Schmatzer auf die Wange.

»Nein. Nichts wird gut. Ihr geht in den Knast«, antwortete ich.

»Abwarten«, sagte Oma.

KAPITEL 20

Ein überraschend peinliches Ende

Wir mussten alle mit zur Wache. Dort wurden wir aufgeteilt und einzeln verhört. Ich war als Letzter dran. Ich saß an einem langen Tisch in einem spärlich möbliertem Zimmer, das komplett in Grau gehalten war. Stefan setzte sich mir gegenüber. Er trank Kaffee und erzählte mir, dass meine Mutter mein Zimmer auf den Kopf gestellt hatte. Mein Benehmen in letzter Zeit ließ sie stutzig werden. Dabei fand sie Schönemanns Handy. Und natürlich hat sie als gute Kriminelle sofort meine Privatsphäre ignoriert und alle Kurznachrichten gelesen. So war Mama in kürzester Zeit auf dem Laufenden. Denn Schönemann hatte sich um Kopf und Kragen gesimst. Er erwähnte den Einbruch, drohte mir mit dem Weihnachtsvideo und erwähnte auch sein Büro. Und da Mama alles andere als ein Hirni ist, konnte sie schnell eins und eins zusammenzählen. Sie packte Oma ein, und beide machten sich auf zu Schönemanns Spedition. Erst beobachteten sie vom Auto nur die Lage. Als die aber außer Kontrolle geriet, schalteten sie sich ein. Während Papa Schönemann festsetzte, brachen Oma und Mama in Schönemanns Büro ein, um die DVD zu holen. Der Rest war bekannt.

»Und nun?«, fragte ich. »Müssen meine Eltern in den Knast?«

»Wahrscheinlich nicht. Schließlich hat deine Familie Schönemann an der Flucht gehindert.«

»Und den Diamanten gerettet«, sagte ich, weil ich nicht wollte, dass das unter den Tisch fiel.

»Und den Diamanten gerettet«, sagte Stefan. »Das wirkt sich auf alle Fälle strafmildernd aus.«

»Das ist gut«, sagte ich erleichtert.

»Hör mal zu. Du musst natürlich ein Geständnis ablegen. Am besten schriftlich. Schließlich seid ihr Weihnachten bei den Schönemanns eingebrochen. Und ein Einbruch bleibt ein Einbruch, auch wenn man später etwas Gutes tut. Verstehst du?«, fragte er.

»Natürlich«, sagte ich.

»Und ganz im Ernst. Du hättest viel früher die Polizei rufen sollen.«

»Ich weiß.«

»Aber wenn ihr alle ein Geständnis ablegt, kommt ihr mit Sicherheit mit einer kleinen Strafe davon.«

»Hm. Und wie geht das. Ein Geständnis ablegen?«

Ich kannte mich nur mit Leugnen und Dumm-stellen aus.

»Machs schriftlich. Schreib einfach genau auf, wie alles passiert ist.«

»Und wie fange ich so was an?«

»Ganz simpel. Schreib einfach: Mein Name ist Edu-ard Käsebier. Ich bin 13 Jahre alt … und dann schil-derst du genau, was passiert ist. Von Anfang an. Lass nichts aus. Kapiert?«

»Ja. Kapiert.«

Nachwort

Wir kamen alle mit Bewährungsstrafen aus der Nummer raus. Die Richterin meckerte zwar mit mir, weil ich nicht früher die Polizei eingeschaltet hatte, aber war uns ansonsten freundlich gesonnen. Und nicht nur das. Das Auktionshaus belohnte uns sogar, weil wir den Diamanten gerettet hatten. Wir bekamen 50 000 Euro Belohnung, mit denen wir die Schulden beim Paten begleichen und Oma auf Weltreise schicken konnten. Auch wenn die behauptete, sich in Grund und Boden zu schämen, mit nicht gestohlenem Geld zu verreisen. Auch für den Rest meiner Familie war der unerwartete Geldsegen kein Grund zur Freude. »Wir haben Schande über den Namen Käsebier gebracht!«, jammerte Mama. Auf das Geld verzichten wollte dann aber doch keiner. So stiefelten wir alle zu einer großen Feier, die der Bürgermeister extra für uns ausrichtete. Ganz viele Menschen saßen im Saal und applaudierten, als uns der Bürgermeister ein Paradebeispiel für gute Bürger nannte. Dann schüttelte er uns im Blitzlichtgewitter der Presse die Hände und überreichte uns den Scheck. Oma fiel fast in Ohnmacht, als sie als gute Bürgerin bezeichnet wurde. Aber sie biss tapfer die Zähne zusammen und hielt sogar das Posen vor der Presse tapfer aus. Damit wir anschließend nicht die Stadt verlassen mussten – wenn nicht sogar das Land –, hatte meine Familie Vorkehrungen getroffen und sich dezent verkleidet. Allerdings nicht unsere ganze Familie. Mir machte es nämlich nichts aus, als guter Bürger bezeichnet zu werden. Auch wenn ich es vielleicht noch nicht war, ich würde einer werden. Zumindest wenn man mich ließ.

50.000 EURO

Für die grundehrliche Familie Käsebier!

Ein magisch-verrückter Abenteuerroman mit jeder Menge Schokolade!

Als die Zwillinge Oz und Lily mit ihren Eltern in ihr frisch geerbtes Haus ziehen, erwartet sie das Abenteuer ihres Lebens!
Vor vielen Jahren haben ihre Vorfahren hier das Rezept für Unsterblichkeitsschokolade entwickelt. Jetzt will ihr Urgroßonkel die magischen Schokoladengussformen verkaufen. Unterstützt von Geheimagenten in Gestalt einer unsichtbaren Katze und einer sprechenden Ratte müssen Oz und Lily die Welt – und ihre Familie – retten!

»Bezaubernd, verblüffend, urkomisch und absolut unwiderstehlich magisch.« *Louisa Langenau, Süddeutsche Zeitung*

Kate Saunders
Die genial gefährliche Unsterblichkeitsschokolade
Aus dem Englischen von Kristina Kreuzer
368 Seiten, broschiert

Weitere Informationen zum Kinder- und Jugendbuchprogramm der S. Fischer Verlage finden sich auf *www.fischerverlage.de*

A7 596-81249/1

Schwindelerregend spannend!

Der zwölfjährige Fin aus Khaznot Quay scheint ein ganz normaler Junge zu sein: dunkle Haare, zwei Augen, keine scharfen Kanten. Doch er ist »magisch vorbelastet« – wer ihn sieht, vergisst ihn sofort wieder. Außer dem Mädchen Marrill, das versehentlich in Fins Welt des magischen Stroms geraten ist. Genau wie Fin ist sie auf der Suche nach einer sagenumwobenen Landkarte, die jeden Menschen an den Ort führt, wo er sich hinwünscht. Aber auch andere, finstere Zeitgenossen machen Jagd auf die Karte, und Fin und Marrill geraten in ein Abenteuer voller Rätsel und halsbrecherischer Gefahren!

John Parke Davis / Carrie Ryan
Map of Magic – Die Karte der geheimen Wünsche (Bd. 1)
Aus dem Amerikanischen von Wolfram Ströle
480 Seiten, Klappenbroschur

Weitere Informationen zum Kinder- und Jugendbuchprogramm der S. Fischer Verlage finden sich auf *www.fischerverlage.de*

AZ 7335-0018/1